I peccati della BCE

Inflazione, scandali monetari e credito finanziario senza fine da parte della Banca Centrale Europea

Table of Contents

Introduction

La BCE ha fatto il bello e il cattivo tempo e questo libro svela tutti i suoi sporchi segreti!

Questo libro non è solo una lettura appassionante, ma anche un'accusa schiacciante nei confronti della Banca Centrale Europea. Il libro svela i numerosi scandali monetari e le disfatte del credito finanziario che hanno afflitto l'istituzione negli ultimi anni.

Negli ultimi anni la Banca centrale europea (BCE) è stata coinvolta in una serie di controversie, dalle accuse di riciclaggio di denaro alle preoccupazioni per la gestione della crisi finanziaria dell'eurozona. Forse la critica più pesante mossa alla BCE è che non è riuscita a contrastare l'inflazione, causando difficoltà economiche a molti cittadini europei. I tassi d'inflazione sono aumentati costantemente da quando la BCE è stata istituita nel 1998 e, sebbene la banca abbia attuato una serie di misure per cercare di ridurre i prezzi, finora non ha avuto successo. Inoltre, la BCE è stata accusata di aver concesso incautamente credito finanziario alle banche e ad altre istituzioni finanziarie durante la crisi, senza valutare adeguatamente se queste potessero permettersi di rimborsarlo. Di conseguenza, la BCE è stata messa sotto tiro sia dai politici che dall'opinione pubblica.

Se siete arrabbiati per come la BCE ha gestito male il nostro denaro, questo è il libro che fa per voi. Vi fornirà tutti i fatti e le cifre di cui avete bisogno per far sentire la vostra voce. E potrebbe persino ispirarvi ad agire e a chiedere un cambiamento alle nostre istituzioni finanziarie corrotte.

Inflazione

In economia, l'**inflazione** è un aumento generale dei prezzi di beni e servizi in un'economia. Quando il livello generale dei prezzi aumenta, ogni unità di moneta acquista meno beni e servizi; di conseguenza, l'inflazione corrisponde a una riduzione del potere d'acquisto della moneta. Il contrario dell'inflazione è la deflazione, ovvero una diminuzione sostenuta del livello generale dei prezzi di beni e servizi. La misura comune dell'inflazione è il **tasso di inflazione**, la variazione percentuale annua di un indice generale dei prezzi. Poiché i prezzi non aumentano tutti allo stesso ritmo, a questo scopo viene spesso utilizzato l'indice dei prezzi al consumo (IPC). Per i salari negli Stati Uniti si utilizza anche l'indice del costo del lavoro.

La maggior parte degli economisti concorda sul fatto che gli alti livelli di inflazione e l'iperinflazione - che hanno effetti gravemente negativi sull'economia reale - sono causati da una persistente crescita eccessiva dell'offerta di moneta. Le opinioni sui tassi di inflazione bassi o moderati sono più varie. L'inflazione bassa o moderata può essere attribuita alle fluttuazioni della domanda reale di beni e servizi o alle variazioni delle forniture disponibili, ad esempio in caso di scarsità. L'inflazione moderata influisce sulle economie sia in modo positivo che negativo.

Gli effetti negativi includono un aumento del costo opportunità di detenere denaro, l'incertezza sull'inflazione futura che può scoraggiare gli investimenti e i risparmi e, se l'inflazione è sufficientemente rapida, la scarsità di beni in quanto i consumatori iniziano ad accumulare per paura che i prezzi aumentino in futuro. Tra gli effetti positivi si annoverano la riduzione della disoccupazione dovuta alla rigidità dei salari nominali, la possibilità per la banca centrale di avere una maggiore libertà nell'attuazione della politica monetaria, l'incoraggiamento dei prestiti e degli investimenti anziché della tesaurizzazione del denaro e la possibilità di evitare le inefficienze associate alla deflazione.

Oggi la maggior parte degli economisti è favorevole a un tasso di inflazione basso e costante. Un'inflazione bassa (rispetto a quella zero o negativa) riduce la gravità delle recessioni economiche, consentendo al mercato del lavoro di adattarsi più rapidamente in caso di recessione, e riduce il rischio che una trappola della liquidità impedisca alla politica monetaria di stabilizzare l'economia, evitando al contempo i costi associati a un'inflazione elevata. Il compito di mantenere basso e stabile il tasso di inflazione è solitamente affidato alle autorità monetarie. In genere, le autorità monetarie sono le banche centrali che controllano la politica monetaria attraverso la fissazione dei tassi di interesse, le operazioni di mercato aperto e (più raramente) la modifica delle riserve obbligatorie delle banche commerciali.

Definizione

Il termine deriva dal latino *inflare* (far esplodere o gonfiare) e fu usato inizialmente nel 1838 per indicare un'inflazione della valuta, secondo l'Oxford English Dictionary (1989).

Negli anni successivi, fino al 1874, fu utilizzato anche per la concessione di prestiti e per l'inflazione dei prezzi. Durante la guerra civile americana (1861-65) il dollaro d'oro fu sostituito dal biglietto verde, una moneta cartacea emessa dal governo che perse rapidamente parte del suo valore; pertanto, questa definizione del termine sembra essere stata rafforzata.

Il termine *inflazione* è apparso in America a metà del XIX secolo, "non in riferimento a qualcosa che accade ai prezzi, ma come qualcosa che accade a una moneta cartacea". Oggi, invece, si intende un aumento sostenuto del livello generale dei prezzi (distinto dalle fluttuazioni a breve termine).

Concetti correlati

Altri concetti economici legati all'inflazione sono: deflazione - un calo del livello generale dei prezzi; disinflazione - una diminuzione del tasso di inflazione; iperinflazione - una spirale inflazionistica fuori controllo; stagflazione - una combinazione di inflazione, crescita economica lenta e disoccupazione elevata; reflazione - un tentativo di aumentare il livello generale dei prezzi per contrastare le pressioni deflazionistiche; e inflazione dei prezzi delle attività - un aumento generale dei prezzi delle attività finanziarie senza un corrispondente aumento dei prezzi dei beni o dei servizi; agflazione - un aumento avanzato dei prezzi dei prodotti alimentari e delle colture agricole industriali rispetto all'aumento generale dei prezzi.

Forme più specifiche di inflazione si riferiscono a settori i cui prezzi variano in modo semiindipendente dall'andamento generale. L'"inflazione dei prezzi delle case" si applica alle variazioni dell'indice dei prezzi delle case, mentre l'"inflazione energetica" è dominata dai costi del petrolio e del gas.

Economia classica

Nel diciannovesimo secolo, gli economisti hanno classificato tre fattori distinti che causano un aumento o una diminuzione del prezzo dei beni: una variazione del *valore* o dei costi di produzione del bene, una variazione del *prezzo del denaro*, che all'epoca era di solito una fluttuazione del prezzo del metallo contenuto nella moneta, e il *deprezzamento della moneta* derivante da un aumento dell'offerta di moneta rispetto alla quantità di metallo riscattabile che la sostiene. In seguito alla proliferazione di banconote private stampate durante la guerra civile americana, il termine "inflazione" iniziò a comparire come riferimento diretto al *deprezzamento della valuta* che si verificava quando la quantità di banconote riscattabili superava la quantità di metallo disponibile per il loro riscatto. All'epoca, il termine inflazione si riferiva alla svalutazione della moneta e non all'aumento del prezzo dei beni. Questa relazione tra l'eccesso di offerta di banconote e il conseguente deprezzamento del loro valore era stata notata da economisti classici come David Hume e David Ricardo, che avrebbero poi esaminato e discusso l'effetto che una svalutazione della moneta (in seguito definita *inflazione monetaria*) ha sul prezzo dei beni (in seguito definita *inflazione dei prezzi* e infine semplicemente *inflazione*).

La storia

L'inflazione presuppone l'istituzione del denaro, che è sorto come un costrutto sociale imprevisto in un periodo di circa 2500 anni come risultato di una serie di innovazioni e progressi. Ha raggiunto il suo apice con l'avvento della moneta in Lidia e in Ionia intorno al 630 a.C. e in Cina nello stesso periodo. Ciò indica che l'inflazione non può essere più antica del denaro.

Storicamente, quando si usava la moneta-merce, si alternavano periodi di inflazione e deflazione a seconda delle condizioni dell'economia. Tuttavia, quando si verificavano grandi e prolungate infusioni di oro o argento in un'economia, ciò poteva portare a lunghi periodi di inflazione.

L'adozione della moneta a corso fisso da parte di molti Paesi, a partire dal XVIII secolo, ha reso possibili variazioni molto più ampie dell'offerta di moneta. Un rapido aumento dell'offerta di moneta si è verificato più volte in paesi che hanno attraversato crisi politiche, producendo iperinflazioni - episodi di tassi di inflazione estremi molto più alti di quelli osservati nei precedenti periodi di moneta merce. L'iperinflazione della Repubblica di Weimar in Germania è un esempio notevole. Attualmente, l'iperinflazione in Venezuela è la più alta al mondo, con un tasso di inflazione annuo dell'833.997% a ottobre 2018.

Storicamente, si sono verificate inflazioni di varia entità, dalla rivoluzione dei prezzi del XVI secolo, guidata dall'ondata di oro e in particolare di argento sequestrato e estratto dagli spagnoli in America Latina, alla più grande inflazione di cartamoneta di tutti i tempi in Ungheria dopo la Seconda Guerra Mondiale.

Tuttavia, a partire dagli anni '80, l'inflazione si è mantenuta bassa e stabile nei Paesi con banche centrali indipendenti. Ciò ha portato a una moderazione del ciclo economico e a una riduzione della variazione della maggior parte degli indicatori macroeconomici, un evento noto come Grande Moderazione.

Periodi storici di inflazione

Rapidi aumenti della quantità di denaro o dell'offerta complessiva di moneta si sono verificati in molte società diverse nel corso della storia, cambiando con le diverse forme di denaro utilizzate. Per esempio, quando si usava l'argento come moneta, il governo poteva raccogliere le monete d'argento, fonderle, mischiarle con altri metalli come il rame o il piombo e ristamparle allo stesso valore nominale, un processo noto come svilimento. Al momento dell'ascesa di Nerone a imperatore romano, nel 54 d.C., il denario conteneva più del 90% di argento, ma nel 270 non ne rimaneva quasi più. Diluendo l'argento con altri metalli, il governo poteva emettere più monete senza aumentare la quantità di argento utilizzata per produrle. Quando il costo di ogni moneta viene abbassato in questo modo, il governo trae profitto da un aumento del signoraggio.

Questa pratica aumenterebbe l'offerta di moneta, ma allo stesso tempo il valore relativo di ogni moneta si abbasserebbe. Poiché il valore relativo delle monete diventa più basso, i consumatori dovranno dare più monete in cambio degli stessi beni e servizi di prima. Questi beni e servizi subirebbero un aumento di prezzo a causa della riduzione del valore di ciascuna moneta.

L'antica Cina

La Cina della dinastia Song introdusse la pratica di stampare cartamoneta per creare moneta a corso fisso. Durante la dinastia mongola degli Yuan, il governo spese una grande quantità di denaro per combattere guerre costose e reagì stampando altra moneta, con conseguente inflazione. Temendo l'inflazione che affliggeva la dinastia Yuan, la dinastia Ming inizialmente rifiutò l'uso della cartamoneta e tornò a usare monete di rame.

Egitto medievale

Durante l'hajj del re maliano Mansa Musa alla Mecca nel 1324, si dice che fosse accompagnato da un treno di cammelli che comprendeva migliaia di persone e quasi un centinaio di cammelli. Quando passò dal Cairo, spese o regalò così tanto oro da deprimere il suo prezzo in Egitto per oltre un decennio, riducendone il potere d'acquisto. Uno storico arabo contemporaneo ha commentato la visita di Mansa Musa:

L'oro aveva un prezzo elevato in Egitto fino all'arrivo di quell'anno. Il mithqal non scendeva al di sotto dei 25 dirham e in genere era superiore, ma da quel momento il suo valore è sceso e il suo prezzo si è ridotto fino ad oggi. Il mithqal non supera i 22 dirham o meno. Questo è stato lo stato delle cose per circa dodici anni fino ad oggi, a causa della grande quantità di oro che hanno portato in Egitto e che hanno speso lì [...].

La "rivoluzione dei prezzi" in Europa occidentale

Dalla seconda metà del XV secolo alla prima metà del XVII, l'Europa occidentale conobbe un importante ciclo inflazionistico definito "rivoluzione dei prezzi", con un aumento medio dei prezzi di circa sei volte in 150 anni. Questo fenomeno è spesso attribuito all'afflusso di oro e argento dal Nuovo Mondo alla Spagna asburgica, con una maggiore disponibilità di argento nell'Europa precedentemente affamata di denaro, che causò un'inflazione diffusa. La ripresa della popolazione europea a causa della peste nera iniziò prima dell'arrivo del metallo del Nuovo Mondo e potrebbe aver dato il via a un processo di inflazione che l'argento del Nuovo Mondo aggravò nel corso del XVI secolo.

Misure

Poiché esistono molte misure possibili del livello dei prezzi, esistono molte misure possibili dell'inflazione dei prezzi. Più frequentemente, il termine "inflazione" si riferisce a un aumento di un ampio indice dei prezzi che rappresenta il livello generale dei prezzi di beni e servizi nell'economia. L'indice dei prezzi al consumo (CPI), l'indice dei prezzi delle spese per consumi personali (PCEPI) e il deflatore del PIL sono alcuni esempi di indici di prezzo ampi.

Tuttavia, il termine "inflazione" può essere utilizzato anche per descrivere un aumento dei prezzi all'interno di un insieme più ristretto di attività, beni o servizi all'interno dell'economia, come ad esempio le materie prime (tra cui alimenti, carburanti, metalli), le attività materiali (come gli immobili), le attività finanziarie (come azioni, obbligazioni), i servizi (come l'intrattenimento e l'assistenza sanitaria) o il lavoro. Anche se spesso si dice che i valori dei beni capitali si "gonfiano", questo non deve essere confuso con l'inflazione come termine definito; una descrizione più accurata per l'aumento del valore di un bene capitale è l'apprezzamento. L'FBI (CCI), l'Indice dei prezzi alla produzione, e l'Employment Cost Index (ECI) sono esempi di indici di prezzo ristretti utilizzati per misurare l'inflazione dei prezzi in particolari settori dell'economia. L'inflazione core è una misura dell'inflazione per un sottoinsieme di prezzi al consumo che esclude i prezzi dei prodotti alimentari e dell'energia, che aumentano e diminuiscono più degli altri prezzi nel breve periodo. Il Federal Reserve Board presta particolare attenzione al tasso di inflazione di base per ottenere una migliore stima delle tendenze future dell'inflazione nel suo complesso.

Il tasso d'inflazione è più comunemente calcolato determinando il movimento o la variazione di un indice dei prezzi, in genere l'indice dei prezzi al consumo. Il tasso d'inflazione è la variazione percentuale di un indice dei prezzi nel tempo. Anche l'indice dei prezzi al dettaglio è una misura dell'inflazione comunemente utilizzata nel Regno Unito. È più ampio del CPI e contiene un paniere più ampio di beni e servizi.

Data la recente inflazione elevata, l'RPI è indicativo delle esperienze di un'ampia gamma di famiglie, in particolare di quelle a basso reddito.

Per illustrare il metodo di calcolo, nel gennaio 2007 l'Indice dei prezzi al consumo degli Stati Uniti era pari a 202,416, mentre nel gennaio 2008 era pari a 211,080. La formula per calcolare il tasso annuo di inflazione percentuale dell'IPC nel corso dell'anno è: {displaystyle \left(({frac {211,080-202,416}{202,416}}right)\times 100\%=4,28\%}. Il tasso di inflazione risultante per l'IPC in questo periodo di un anno è del 4,28%, il che significa che il livello generale dei prezzi per i consumatori statunitensi tipici è aumentato di circa il 4% nel 2007.

Altri indici di prezzo ampiamente utilizzati per il calcolo dell'inflazione dei prezzi sono i seguenti:

- **Indici dei prezzi alla produzione** (IPP) che misurano le variazioni medie dei prezzi ricevuti dai produttori nazionali per la loro produzione. Si differenzia dall'IPC in quanto le sovvenzioni sui prezzi, i profitti e le imposte possono far sì che l'importo ricevuto dal produttore differisca da quello pagato dal consumatore. Inoltre, in genere si verifica un ritardo tra l'aumento dell'IPP e l'eventuale aumento dell'IPC. L'indice dei prezzi alla produzione misura la pressione esercitata sui produttori dai costi delle materie prime. Tale pressione potrebbe essere "trasferita" ai consumatori, oppure potrebbe essere assorbita dai profitti o compensata dall'aumento della produttività. In India e negli Stati Uniti, una versione precedente dell'IPP era chiamata indice dei prezzi all'ingrosso.

- **Indici dei prezzi delle materie prime**, che misurano il prezzo di una selezione di materie prime. Gli indici dei prezzi delle materie prime sono ponderati in base all'importanza relativa dei componenti rispetto al costo "complessivo" di un dipendente.

- **Indici dei prezzi core**: poiché i prezzi dei prodotti alimentari e del petrolio possono cambiare rapidamente a causa delle variazioni delle condizioni di domanda e offerta nei mercati alimentari e petroliferi, può essere difficile individuare la tendenza di lungo periodo dei livelli dei prezzi quando questi sono inclusi. Pertanto, la maggior parte delle agenzie statistiche riporta anche una misura di "inflazione di fondo", che elimina le componenti più volatili (come i prodotti alimentari e il petrolio) da un indice dei prezzi ampio come l'IPC. Poiché l'inflazione di fondo è meno influenzata dalle condizioni di domanda e offerta a breve termine in mercati specifici, le banche centrali si basano su di essa per misurare meglio l'effetto inflazionistico dell'attuale politica monetaria.

Altre misure comuni dell'inflazione sono:

- **Il deflatore del PIL** è una misura del prezzo di tutti i beni e servizi inclusi nel prodotto interno lordo (PIL). Il Dipartimento del Commercio degli Stati Uniti pubblica una serie di deflatori per il PIL statunitense, definita come la misura del PIL nominale divisa per la misura del PIL reale.

$$\therefore \text{GDP Deflator} = \frac{\text{PIL nominale}}{\text{PIL reale}}$$

- **Inflazione regionale** Il Bureau of Labor Statistics suddivide i calcoli del CPI-U in base alle diverse regioni degli Stati Uniti.

- **Inflazione storica** Prima che la raccolta di dati econometrici coerenti diventasse uno standard per i governi e allo scopo di confrontare gli standard di vita assoluti, piuttosto che relativi, diversi economisti hanno calcolato cifre di inflazione imputata. La maggior parte dei dati sull'inflazione prima dell'inizio del XX secolo è imputato sulla base dei costi noti dei beni, piuttosto che compilato all'epoca. Viene inoltre utilizzato per aggiustare le differenze nel tenore di vita reale per la presenza della tecnologia.

- **L'inflazione dei prezzi delle attività** è un aumento eccessivo dei prezzi delle attività reali o finanziarie, come le azioni e gli immobili. Sebbene non esista un indice ampiamente accettato di questo tipo, alcuni banchieri centrali hanno suggerito che sarebbe meglio puntare a stabilizzare una misura più ampia di inflazione a livello di prezzi generali che includa alcuni prezzi degli asset, invece di stabilizzare solo l'IPC o l'inflazione di base. Il motivo è che, aumentando i tassi di interesse quando i prezzi delle azioni o degli immobili aumentano e abbassandoli quando questi prezzi scendono, le banche centrali potrebbero riuscire a evitare bolle e crolli dei prezzi degli asset.

Problemi di misurazione

La misurazione dell'inflazione in un'economia richiede mezzi oggettivi per differenziare le variazioni dei prezzi nominali di un insieme comune di beni e servizi e per distinguerle dalle variazioni di prezzo derivanti da cambiamenti di valore come il volume, la qualità o le prestazioni. Ad esempio, se il prezzo di un barattolo di mais passa da 0,90 a 1,00 dollari nel corso di un anno, senza variazioni di qualità, questa differenza di prezzo rappresenta l'inflazione. Questa singola variazione di prezzo, tuttavia, non rappresenta l'inflazione generale di un'economia. Per misurare l'inflazione generale, si misura la variazione di prezzo di un ampio "paniere" di beni e servizi rappresentativi. Questo è lo scopo di un indice dei prezzi, che è il prezzo combinato di un "paniere" di molti beni e servizi. Il prezzo combinato è la somma dei prezzi ponderati degli articoli del "paniere". Il prezzo ponderato è calcolato moltiplicando il prezzo unitario di un articolo per il numero di articoli che il consumatore medio acquista. La ponderazione dei prezzi è un mezzo necessario per misurare l'effetto delle variazioni dei prezzi unitari individuali sull'inflazione complessiva dell'economia. L'indice dei prezzi al consumo, ad esempio, utilizza i dati raccolti attraverso un'indagine sulle famiglie per determinare quale percentuale della spesa complessiva del consumatore tipico viene spesa per determinati beni e servizi, e pondera di conseguenza i prezzi medi di tali articoli. Questi prezzi medi ponderati vengono combinati per calcolare il prezzo complessivo. Per meglio rapportare le variazioni di prezzo nel tempo, gli indici di solito scelgono un prezzo "anno base" e gli assegnano un valore pari a 100.

I prezzi dell'indice negli anni successivi sono quindi espressi in relazione al prezzo dell'anno base. Quando si confrontano le misure dell'inflazione per diversi periodi si deve prendere in considerazione anche l'effetto base.

Le misure dell'inflazione sono spesso modificate nel tempo, sia per il peso relativo dei beni nel paniere, sia per il modo in cui i beni e i servizi del presente vengono confrontati con quelli del passato. Le ponderazioni del paniere vengono aggiornate regolarmente, di solito ogni anno, per adattarsi ai cambiamenti nel comportamento dei consumatori. Cambiamenti improvvisi nel comportamento dei consumatori possono comunque introdurre un errore di ponderazione nella misurazione dell'inflazione. Ad esempio, durante la pandemia COVID-19 è stato dimostrato che il paniere di beni e servizi non era più rappresentativo dei consumi durante la crisi, in quanto numerosi beni e servizi non potevano più essere consumati a causa delle misure governative di contenimento ("lock-down").

Nel corso del tempo, vengono apportate modifiche al tipo di beni e servizi selezionati per riflettere i cambiamenti nei tipi di beni e servizi acquistati dai "consumatori tipici". Possono essere introdotti nuovi prodotti, scompaiono quelli più vecchi, la qualità dei prodotti esistenti può cambiare e le preferenze dei consumatori possono cambiare.

Sia i tipi di beni e servizi inclusi nel "paniere" che il prezzo ponderato utilizzato nelle misure dell'inflazione saranno modificati nel tempo per tenere il passo con i cambiamenti del mercato. Diversi segmenti della popolazione possono naturalmente consumare diversi "panieri" di beni e servizi e possono anche sperimentare tassi di inflazione diversi. Si sostiene che le aziende abbiano fatto più innovazione per abbassare i prezzi per le famiglie ricche che per quelle povere.

I numeri dell'inflazione sono spesso destagionalizzati per differenziare le variazioni cicliche dei costi previste. Ad esempio, si prevede che i costi del riscaldamento domestico aumentino nei mesi più freddi, e gli aggiustamenti stagionali sono spesso utilizzati quando si misura l'inflazione per compensare i picchi ciclici dell'energia o del carburante. domanda. I numeri dell'inflazione possono essere mediati o altrimenti sottoposti a tecniche statistiche per eliminare il rumore statistico e la volatilità dei singoli prezzi.

Quando si parla di inflazione, le istituzioni economiche possono concentrarsi solo su alcuni tipi di prezzi, o *indici speciali*, come l'indice dell'inflazione di fondo, utilizzato dalle banche centrali per formulare la politica monetaria.

La maggior parte degli indici di inflazione sono calcolati a partire da medie ponderate di variazioni di prezzo selezionate. Ciò introduce necessariamente una distorsione e può portare a legittime controversie su quale sia il vero tasso di inflazione. Il problema può essere superato includendo nel calcolo tutte le variazioni di prezzo disponibili e scegliendo poi il valore mediano. In altri casi, i governi possono intenzionalmente riportare tassi di inflazione falsi; ad esempio, durante la presidenza di Cristina Kirchner (2007-2015) il governo argentino è stato criticato per aver manipolato i dati economici, come quelli sull'inflazione e sul PIL, a fini politici e per ridurre i pagamenti del debito indicizzato all'inflazione.

Aspettative di inflazione

Le aspettative di inflazione o inflazione attesa sono il tasso di inflazione previsto per un certo periodo di tempo nel futuro prevedibile. Esistono due approcci principali per modellare la formazione delle aspettative di inflazione. Le aspettative adattive sono modellate come una media ponderata delle aspettative di un periodo precedente e del tasso di inflazione effettivo che si è verificato più di recente. Le aspettative razionali le modellano come imparziali, nel senso che il tasso di inflazione atteso non è sistematicamente superiore o inferiore al tasso di inflazione che si è effettivamente verificato.

Un'indagine di lunga data sulle aspettative di inflazione è quella dell'Università del Michigan.

Le aspettative di inflazione influenzano l'economia in diversi modi. Esse sono più o meno incorporate nei tassi d'interesse nominali, per cui un aumento (o una diminuzione) del tasso d'inflazione atteso si tradurrà in genere in un aumento (o una diminuzione) dei tassi d'interesse nominali, con un effetto minore, se non nullo, sui tassi d'interesse reali. Inoltre, l'aumento dell'inflazione attesa tende ad essere incorporato nel tasso di aumento dei salari, con un effetto minore, se non nullo, sulle variazioni dei salari reali. Inoltre, la risposta delle aspettative inflazionistiche alla politica monetaria può influenzare la ripartizione degli effetti della politica tra inflazione e disoccupazione (vedi Credibilità della politica monetaria).

Cause

Un'ampia letteratura economica ha affrontato la questione delle cause e degli effetti dell'inflazione. Ci sono state molte scuole di pensiero diverse sull'argomento. A partire dagli anni Venti, queste possono essere suddivise in due grandi gruppi.

Visione monetarista

I monetaristi ritengono che il fattore più significativo che influenza l'inflazione o la deflazione sia la velocità con cui l'offerta di moneta cresce o si riduce. Ritengono che la politica fiscale, ovvero la spesa e la tassazione del governo, sia inefficace nel controllare l'inflazione. L'economista monetarista Milton Friedman ha dichiarato: *"L'inflazione è sempre e ovunque un fenomeno monetario"*.

I monetaristi affermano che lo studio empirico della storia monetaria dimostra che l'inflazione è sempre stata un fenomeno monetario. La teoria della quantità di moneta, in parole povere, afferma che qualsiasi variazione della quantità di moneta in un sistema cambierà il livello dei prezzi. Questa teoria parte dall'equazione di scambio:

$$\displaystyle MV = PQ$$

dove

$\displaystyle M$ è la quantità nominale di moneta;

$\displaystyle V$ è la velocità della moneta nelle spese finali;

$\displaystyle P$ è il livello generale dei prezzi;

Q è un indice del valore reale delle spese finali;

In questa formula, il livello generale dei prezzi è correlato al livello dell'attività economica reale (Q), alla quantità di moneta (M) e alla velocità della moneta (V). La formula è identica perché la velocità della moneta (V) è definita come il rapporto tra la spesa nominale finale ({displaystyle PQ}) e la quantità di moneta (M).

I monetaristi ipotizzano che la velocità della moneta non sia influenzata dalla politica monetaria (almeno nel lungo periodo) e che il valore reale della produzione sia determinato nel lungo periodo dalla capacità produttiva dell'economia. In base a queste ipotesi, il principale fattore di variazione del livello generale dei prezzi è la variazione della quantità di moneta. Con una velocità esogena (cioè determinata dall'esterno e non influenzata dalla politica monetaria), l'offerta di moneta determina il valore della produzione nominale (che equivale alla spesa finale) nel breve periodo.

In pratica, la velocità non è esogena nel breve periodo e quindi la formula non implica necessariamente una relazione stabile nel breve periodo tra l'offerta di moneta e il prodotto nominale. Tuttavia, nel lungo periodo, si presume che le variazioni della velocità siano determinate dall'evoluzione del meccanismo dei pagamenti. Se la velocità non è relativamente influenzata dalla politica monetaria, il tasso di incremento dei prezzi nel lungo periodo (il tasso di inflazione) è pari al tasso di crescita di lungo periodo dell'offerta di moneta più il tasso di crescita esogeno di lungo periodo della velocità meno il tasso di crescita di lungo periodo del prodotto reale.

Visione keynesiana

L'economia keynesiana propone che le variazioni dell'offerta di moneta non influenzino direttamente i prezzi nel breve periodo e che l'inflazione visibile sia il risultato di pressioni della domanda nell'economia che si esprimono nei prezzi.

Esistono tre principali fonti di inflazione, nell'ambito di quello che Robert J. Gordon chiama il "modello a triangolo":

- *L'inflazione da domanda* è causata da aumenti della domanda aggregata dovuti all'incremento della spesa privata e pubblica, ecc. L'inflazione da domanda favorisce la crescita economica poiché l'eccesso di domanda e le condizioni di mercato favorevoli stimolano gli investimenti e l'espansione.
- *L'inflazione da spinta dei costi*, detta anche "inflazione da shock dell'offerta", è causata da un calo dell'offerta aggregata (produzione potenziale). Ciò può essere dovuto a disastri naturali, guerre o all'aumento dei prezzi dei fattori produttivi. Ad esempio, un'improvvisa diminuzione dell'offerta di petrolio, con conseguente aumento dei prezzi del petrolio, può causare un'inflazione da spinta dei costi. I produttori per i quali il petrolio rappresenta una parte dei loro costi potrebbero trasferire questo fenomeno ai consumatori sotto forma di aumento dei prezzi. Un altro esempio è rappresentato da perdite assicurate inaspettatamente elevate, legittime (catastrofi) o fraudolente (particolarmente diffuse in periodi di recessione). Un'inflazione elevata può spingere i dipendenti a chiedere rapidi aumenti salariali, per tenere il passo con i prezzi al consumo. Secondo la teoria della spinta ai costi dell'inflazione, l'aumento dei salari può a sua volta contribuire ad

alimentare l'inflazione. Nel caso della contrattazione collettiva, la crescita dei salari sarà stabilita in funzione delle aspettative inflazionistiche, che saranno più alte quando l'inflazione è alta. Questo può causare una spirale salariale. In un certo senso, l'inflazione genera ulteriori aspettative inflazionistiche, che generano ulteriore inflazione.

- L'inflazione incorporata è indotta da aspettative adattive ed è spesso collegata alla "spirale prezzi/salari". Essa comporta che i lavoratori cerchino di mantenere i loro salari al passo con i prezzi (al di sopra del tasso di inflazione) e che le imprese trasferiscano il costo del lavoro più elevato ai loro clienti sotto forma di aumento dei prezzi.

- prezzi, dando luogo a un ciclo di feedback. L'inflazione incorporata riflette gli eventi del passato e potrebbe quindi essere considerata un'inflazione da sbornia.

La teoria del demand-pull afferma che l'inflazione accelera quando la domanda aggregata aumenta oltre la capacità dell'economia di produrre (il suo output potenziale). Pertanto, qualsiasi fattore che aumenti la domanda aggregata può causare inflazione. Tuttavia, nel lungo periodo, la domanda aggregata può essere mantenuta al di sopra della capacità produttiva solo aumentando la quantità di moneta in circolazione più velocemente del tasso di crescita reale dell'economia. Un'altra causa (anche se molto meno comune) può essere un rapido calo della *domanda* di moneta, come è accaduto in Europa durante la peste nera o nei territori occupati dai giapponesi poco prima della sconfitta del Giappone nel 1945.

L'effetto del denaro sull'inflazione è più evidente quando i governi finanziano le spese in una crisi, come una guerra civile, stampando denaro in modo eccessivo. Questo a volte porta all'iperinflazione, una condizione in cui i prezzi possono raddoppiare in un mese o addirittura ogni giorno. Si ritiene che anche l'offerta di moneta svolga un ruolo importante nel determinare livelli moderati di inflazione, anche se ci sono differenze di opinione su quanto sia importante. Gli economisti monetaristi, ad esempio, ritengono che il legame sia molto forte; gli economisti keynesiani, invece, in genere sottolineano il ruolo della domanda aggregata nell'economia piuttosto che dell'offerta di moneta nel determinare l'inflazione. Per i keynesiani, cioè, l'offerta di moneta è solo una delle determinanti della domanda aggregata.

Alcuni economisti keynesiani sono anche in disaccordo con l'idea che le banche centrali controllino completamente l'offerta di moneta, sostenendo che le banche centrali hanno un controllo minimo, poiché l'offerta di moneta si adatta alla domanda di credito bancario emesso dalle banche commerciali. Questa teoria è nota come teoria della moneta endogena ed è stata sostenuta con forza dai post-keynesiani fin dagli anni '60. Questa posizione non è universalmente accettata: le banche creano moneta facendo prestiti, ma il volume aggregato di questi prestiti diminuisce all'aumentare dei tassi di interesse reali. Pertanto, le banche centrali possono influenzare l'offerta di moneta rendendo il denaro più economico o più costoso, aumentando o diminuendo così la sua produzione.

Un concetto fondamentale nell'analisi dell'inflazione è la relazione tra inflazione e disoccupazione, chiamata curva di Phillips. Questo modello suggerisce che esiste un compromesso tra stabilità dei prezzi e occupazione. Pertanto, un certo livello di inflazione potrebbe essere considerato auspicabile per minimizzare la disoccupazione. Il modello della curva di Phillips ha descritto bene l'esperienza degli Stati Uniti negli anni Sessanta, ma non è riuscito a descrivere la stagflazione degli anni Settanta. Pertanto, la macroeconomia moderna descrive l'inflazione utilizzando una curva di Phillips che è in grado di spostarsi a causa di fattori quali gli shock dell'offerta e l'inflazione strutturale. I primi si riferiscono a eventi come la crisi petrolifera del 1973, mentre i secondi si riferiscono alla spirale prezzi/salari e alle aspettative inflazionistiche che implicano che l'inflazione è la nuova normalità. La curva di Phillips rappresenta quindi solo la componente "demand-pull" del modello a triangolo.

Un altro concetto degno di nota è il prodotto potenziale (a volte chiamato "prodotto interno lordo naturale"), un livello di PIL in cui l'economia è al suo livello ottimale di produzione, dati i vincoli istituzionali e naturali. (Questo livello di produzione corrisponde al tasso di disoccupazione non accelerato, NAIRU, o al tasso di disoccupazione "naturale" o al tasso di disoccupazione di piena occupazione). Se il PIL supera il suo potenziale (e la disoccupazione è inferiore al NAIRU), la teoria dice che l'inflazione *accelererà*, poiché i fornitori aumentano i loro prezzi e l'inflazione incorporata peggiora. Se il PIL scende al di sotto del suo livello potenziale (e la disoccupazione è superiore al NAIRU), l'inflazione *decelera* perché i fornitori cercano di riempire la capacità in eccesso, riducendo i prezzi e compromettendo l'inflazione incorporata.

Tuttavia, un problema di questa teoria ai fini della definizione delle politiche è che il livello esatto del prodotto potenziale (e del NAIRU) è generalmente sconosciuto e tende a cambiare nel tempo. L'inflazione sembra inoltre agire in modo asimmetrico, aumentando più rapidamente di quanto non scenda. Può cambiare a causa delle politiche: ad esempio, l'alto tasso di disoccupazione sotto il primo ministro britannico Margaret Thatcher potrebbe aver portato a un aumento del NAIRU (e a un calo del potenziale) perché molti dei disoccupati si sono ritrovati come disoccupati strutturali, incapaci di trovare un lavoro adatto alle loro competenze. Un aumento della disoccupazione strutturale

La disoccupazione implica che una percentuale minore della forza lavoro può trovare lavoro al NAIRU, dove l'economia evita di superare la soglia di accelerazione dell'inflazione.

Disoccupazione

Il legame tra inflazione e disoccupazione è stato tracciato fin dalla comparsa della disoccupazione su larga scala nel XIX secolo e continua a essere tracciato anche oggi. Tuttavia, il tasso di disoccupazione generalmente influisce sull'inflazione solo nel breve termine, ma non nel lungo termine. Nel lungo periodo, la velocità della moneta è molto più predittiva dell'inflazione rispetto alla bassa disoccupazione.

Nell'economia marxiana, i disoccupati fungono da esercito di riserva di manodopera, che frena l'inflazione salariale. Nel XX secolo, concetti simili nell'economia keynesiana includono il NAIRU (Tasso di Inflazione Non Accelerato della Disoccupazione) e la curva di Phillips.

Profitti in regime di consolidamento

L'anelasticità keynesiana dei prezzi può contribuire all'inflazione quando le imprese si consolidano, tendendo a sostenere condizioni di monopolio o monopsonio in qualsiasi punto della catena di fornitura di beni o servizi. Quando ciò si verifica, le imprese possono fornire un maggiore valore per gli azionisti prendendo una quota maggiore di profitti piuttosto che investendo nella fornitura di maggiori volumi di prodotti.

Ne è un esempio l'aumento dei prezzi della benzina e di altri combustibili fossili nel primo trimestre del 2022. Poco dopo che gli shock iniziali sui prezzi dell'energia causati dall'invasione russa dell'Ucraina nel 2022 si sono attenuati, le compagnie petrolifere hanno scoperto che le costrizioni della catena di approvvigionamento, già esacerbate dalla pandemia globale COVID19 in corso, sostenevano l'anelasticità dei prezzi, ossia hanno iniziato ad abbassare i prezzi per adeguarsi al prezzo del petrolio quando questo scendeva molto più lentamente di quanto non avessero aumentato i prezzi quando i costi aumentavano. Le cinque maggiori compagnie di benzina della California, Chevron Corporation, Marathon Petroleum, Valero Energy, PBF Energy e Phillips 66, responsabili del 96% del carburante per autotrazione venduto nello Stato, hanno tutte partecipato a questo comportamento, raccogliendo profitti nel primo trimestre molto più grandi di qualsiasi altro risultato trimestrale degli anni precedenti. Il 19 maggio 2022, la Camera dei Rappresentanti degli Stati Uniti ha approvato un disegno di legge per prevenire questo tipo di "price gouging", affrontando il problema dei profitti inattesi che ne derivano, ma è improbabile che prevalga contro l'ostruzionismo della minoranza al Senato.

Allo stesso modo, nel primo trimestre del 2022, il gigante del confezionamento della carne Tyson Foods ha fatto leva sull'anelasticità dei prezzi al ribasso del pollo confezionato e dei prodotti correlati per aumentare i propri profitti di circa 500 milioni di dollari, rispondendo a un aumento dei costi di 1,5 miliardi di dollari con quasi 2 miliardi di dollari di aumenti dei prezzi. I tre principali concorrenti di Tyson, non essendo sostanzialmente in grado di competere con prezzi più bassi perché la costrizione della catena di approvvigionamento non avrebbe supportato un aumento dei volumi, hanno seguito l'esempio. Il trimestre di Tyson è stato uno dei più redditizi, con un aumento del margine operativo del 38%.

Effetto della crescita economica

Se la crescita economica corrisponde alla crescita dell'offerta di moneta, a parità di condizioni l'inflazione non dovrebbe verificarsi. Una grande varietà di fattori può influenzare il tasso di entrambi. Ad esempio, gli investimenti nella produzione di mercato, nelle infrastrutture, nell'istruzione e nell'assistenza sanitaria preventiva possono far crescere l'economia in misura maggiore rispetto alla spesa per investimenti.

Teoria delle aspettative razionali

La teoria delle aspettative razionali sostiene che gli attori economici guardano razionalmente al futuro quando cercano di massimizzare il loro benessere e non rispondono solo ai costi e alle pressioni di opportunità immediate. Secondo questa visione, generalmente fondata sul monetarismo, le aspettative e le strategie future sono importanti anche per l'inflazione.

Un'affermazione fondamentale della teoria delle aspettative razionali è che gli attori cercheranno di "evitare" le decisioni della banca centrale agendo in modo da soddisfare le previsioni di un'inflazione più elevata. Ciò significa che le banche centrali devono dimostrare la loro credibilità nella lotta all'inflazione, altrimenti gli attori economici scommetteranno che la banca centrale espanderà l'offerta di moneta abbastanza rapidamente da evitare la recessione, anche a costo di esacerbare l'inflazione.

Pertanto, se una banca centrale ha la reputazione di essere "morbida" nei confronti dell'inflazione, quando annuncia una nuova politica di lotta all'inflazione con una crescita monetaria restrittiva gli agenti economici non crederanno che tale politica persisterà; le loro aspettative inflazionistiche rimarranno elevate e così l'inflazione. D'altro canto, se la banca centrale ha la reputazione di essere "dura" nei confronti dell'inflazione, l'annuncio di tale politica sarà creduto e le aspettative inflazionistiche scenderanno rapidamente, permettendo così all'inflazione stessa di scendere rapidamente con un minimo di disturbo economico.

Punti di vista eterodossi

Inoltre, esistono teorie sull'inflazione accettate da economisti al di fuori del mainstream.

Vista austriaca

La Scuola Austriaca sottolinea che l'inflazione non è uniforme per tutte le attività, i beni e i servizi. L'inflazione dipende dalle differenze nei mercati e dal punto in cui il denaro e il credito di nuova creazione entrano nell'economia. Ludwig von Mises affermava che l'inflazione dovrebbe riferirsi a un aumento della quantità di denaro, non compensato da un corrispondente aumento del bisogno di denaro, e che l'inflazione dei prezzi seguirà necessariamente, lasciando sempre una nazione più povera.

Dottrina delle fatture reali

La dottrina delle banconote reali (RBD) sostiene che le banche dovrebbero emettere la loro moneta in cambio di banconote reali a breve termine di valore adeguato. Finché le banche emettono un dollaro solo in cambio di attività che valgono almeno un dollaro, le attività della banca emittente si muoveranno naturalmente di pari passo con l'emissione di moneta e la moneta manterrà il suo valore. Se la banca non riesce a procurarsi o a mantenere attività di valore adeguato, il denaro della banca perderà valore, proprio come qualsiasi titolo finanziario perderà valore se la sua copertura patrimoniale diminuisce. La dottrina delle banconote reali (nota anche come teoria della copertura) afferma quindi che l'inflazione si verifica quando il denaro supera le attività dell'emittente. La teoria della quantità di moneta, invece, sostiene che l'inflazione si verifica quando la moneta supera la produzione di beni dell'economia.

Le scuole di economia monetaria e bancaria sostengono la tesi della RBD, secondo la quale le banche dovrebbero essere in grado di emettere valuta anche a fronte di cambiali commerciali, ovvero di "cambiali reali" acquistate dai commercianti. Questa teoria è stata importante nel XIX secolo nei dibattiti tra le scuole "bancarie" e "valutarie" sulla solidità monetaria e nella formazione della Federal Reserve. Sulla scia del crollo del gold standard internazionale dopo il 1913 e del passaggio al finanziamento in deficit dei governi, la RBD è rimasta un argomento minore, di interesse soprattutto in contesti limitati, come i currency board. Oggi è generalmente tenuta in cattiva considerazione, tanto che Frederic Mishkin, governatore della Federal Reserve, ha affermato che è stata "completamente screditata".

Il dibattito tra la teoria della moneta, o della quantità, e le scuole bancarie durante il XIX secolo prefigura le attuali questioni sulla credibilità della moneta nel presente. Nel XIX secolo, le scuole bancarie ebbero maggiore influenza nella politica degli Stati Uniti e della Gran Bretagna, mentre le scuole monetarie ebbero maggiore influenza "sul continente", cioè nei Paesi non britannici, in particolare nell'Unione Monetaria Latina e nell'Unione Monetaria Scandinava.

Nel 2019 gli storici monetari Thomas M. Humphrey e Richard H. Timberlake hanno pubblicato "Gold, the Real Bills Doctrine, and the Fed: Sources of Monetary Disorder 1922-1938".

Effetti dell'inflazione

Effetto generale

L'inflazione è la diminuzione del potere d'acquisto di una valuta. In altre parole, quando il livello generale dei prezzi aumenta, ogni unità monetaria può acquistare meno beni e servizi in aggregato. L'effetto dell'inflazione varia a seconda dei settori dell'economia: alcuni settori ne risentono negativamente, mentre altri ne beneficiano. Ad esempio, con l'inflazione, i segmenti della società che possiedono beni fisici, come proprietà, azioni, ecc. beneficiano dell'aumento del prezzo/valore delle loro proprietà, mentre coloro che cercano di acquistarle dovranno pagarle di più. La loro capacità di farlo dipenderà dal grado di fissità del loro reddito. Ad esempio, gli aumenti dei pagamenti ai lavoratori e ai pensionati sono spesso inferiori all'inflazione e per alcuni il reddito è fisso. Inoltre, gli individui o le istituzioni che possiedono attività in contanti subiranno un calo del potere d'acquisto del contante. Gli aumenti del livello dei prezzi (inflazione) erodono il valore reale della moneta (la valuta funzionale) e di altri elementi di natura monetaria.

I debitori che hanno debiti con un tasso d'interesse nominale fisso vedranno una riduzione del tasso d'interesse "reale" all'aumentare del tasso d'inflazione. L'interesse reale su un prestito è dato dal tasso nominale meno il tasso di inflazione. La formula $R = N-I$ approssima la risposta corretta a patto che sia il tasso di interesse nominale che il tasso di inflazione siano piccoli. L'equazione corretta è $r = n/i$ dove r, n e i sono espressi come rapporti (ad esempio 1,2 per +20%, 0,8 per -20%). Ad esempio, se il tasso di inflazione è del 3%, un prestito con un tasso di interesse nominale del 5% avrà un tasso di interesse reale di circa il 2% (in realtà è dell'1,94%). Qualsiasi aumento imprevisto del tasso di inflazione farebbe diminuire il tasso di interesse reale. Le banche e gli altri istituti di credito si adeguano a questo rischio di inflazione includendo un premio per il rischio di inflazione nei prestiti a tasso fisso o concedendo prestiti a tasso variabile.

Negativo

Tassi di inflazione elevati o imprevedibili sono considerati dannosi per l'economia generale. Aggiungono inefficienze nel mercato e rendono difficile per le aziende fare budget o pianificare a lungo termine.

L'inflazione può agire come un freno alla produttività, in quanto le aziende sono costrette a spostare le risorse da prodotti e servizi per concentrarsi sui profitti e sulle perdite dovute all'inflazione valutaria. L'incertezza sul futuro potere d'acquisto del denaro scoraggia gli investimenti e il risparmio. L'inflazione può anche imporre aumenti fiscali nascosti. Ad esempio, i guadagni gonfiati spingono i contribuenti verso aliquote fiscali più elevate, a meno che gli scaglioni non siano indicizzati all'inflazione.

Con un'inflazione elevata, il potere d'acquisto viene ridistribuito da coloro che hanno un reddito nominale fisso, come alcuni pensionati le cui pensioni non sono indicizzate al livello dei prezzi, verso coloro che hanno un reddito variabile, i cui guadagni possono tenere meglio il passo dell'inflazione. Questa ridistribuzione del potere d'acquisto si verifica anche tra i partner commerciali internazionali. In caso di tassi di cambio fissi, un'inflazione più elevata in un'economia rispetto a un'altra farà sì che le esportazioni della prima diventino più costose, incidendo sulla bilancia commerciale. Gli effetti negativi sul commercio possono derivare anche da una maggiore instabilità dei prezzi di cambio causata da un'inflazione imprevedibile.

Accaparramento

> Le persone acquistano beni durevoli e/o non deperibili e altri beni come riserve di ricchezza, per evitare le perdite previste dalla diminuzione del potere d'acquisto della moneta, creando carenze dei beni accumulati.

Disordini sociali e rivolte

L'inflazione può portare a manifestazioni di massa e rivoluzioni. Ad esempio, l'inflazione e in particolare l'inflazione alimentare è considerata una delle ragioni principali che hanno causato la rivoluzione tunisina del 2010-11 e quella egiziana del 2011, secondo molti osservatori tra cui Robert Zoellick, presidente della Banca Mondiale. Il presidente tunisino Zine El Abidine Ben Ali è stato spodestato, il presidente egiziano Hosni Mubarak è stato anch'egli spodestato dopo soli 18 anni.

giorni di manifestazioni e le proteste si sono presto diffuse in molti Paesi del Nord Africa e del Medio Oriente.

Iperinflazione

Se l'inflazione diventa troppo alta, può indurre le persone a ridurre drasticamente l'uso della moneta, portando a un'accelerazione del tasso di inflazione. Un'inflazione elevata e in accelerazione interferisce pesantemente con il normale funzionamento dell'economia, danneggiando la sua capacità di fornire beni. L'iperinflazione può portare all'abbandono dell'uso della valuta del Paese (come ad esempio in Corea del Nord) e all'adozione di una valuta esterna (dollarizzazione).

Efficienza allocativa

Una variazione della domanda o dell'offerta di un bene normalmente provoca una variazione del suo prezzo relativo, segnalando agli acquirenti e ai venditori la necessità di riallocare le risorse in risposta alle nuove condizioni di mercato. Ma quando i prezzi cambiano continuamente a causa dell'inflazione, le variazioni di prezzo dovute a veri e propri segnali di prezzo relativo sono difficili da distinguere dalle variazioni di prezzo dovute all'inflazione generale, quindi gli agenti sono lenti a rispondere. Il risultato è una perdita di efficienza allocativa.

Costo della pelle delle scarpe

Un'inflazione elevata aumenta il costo opportunità di detenere saldi in contanti e può indurre le persone a detenere una parte maggiore del proprio patrimonio in conti che pagano interessi. Tuttavia, poiché il contante è ancora necessario per effettuare le transazioni, ciò significa che sono necessari più "viaggi in banca" per effettuare i prelievi, consumando proverbialmente il "cuoio delle scarpe" ad ogni viaggio.

Costi del menu

In presenza di un'inflazione elevata, le imprese devono cambiare spesso i prezzi per tenere il passo con i cambiamenti dell'economia. Ma spesso cambiare i prezzi è di per sé un'attività costosa, sia in modo esplicito, come nel caso della necessità di stampare nuovi menu, sia in modo implicito, come nel caso del tempo e degli sforzi aggiuntivi necessari per cambiare costantemente i prezzi.

Imposta

L'inflazione funge da tassa nascosta sui depositi di valuta.

Positivo

Adeguamenti del mercato del lavoro

I salari nominali sono lenti ad aggiustarsi verso il basso. Ciò può portare a uno squilibrio prolungato e a un'elevata disoccupazione nel mercato del lavoro. Poiché l'inflazione consente ai salari reali di diminuire anche se i salari nominali vengono mantenuti costanti, un'inflazione moderata permette ai mercati del lavoro di raggiungere più rapidamente l'equilibrio.

Spazio di manovra

Gli strumenti principali per controllare l'offerta di moneta sono la capacità di fissare il tasso di sconto, il tasso al quale le banche possono prendere a prestito dalla banca centrale, e le operazioni di mercato aperto, ovvero gli interventi della banca centrale sul mercato obbligazionario con l'obiettivo di influenzare il tasso di interesse nominale. Se un'economia si trova in recessione con tassi d'interesse nominali già bassi, o addirittura nulli, la banca non può ridurre ulteriormente questi tassi (poiché i tassi d'interesse nominali negativi sono impossibili) per stimolare l'economia: questa situazione è nota come trappola della liquidità.

Effetto Mundell-Tobin

Secondo l'effetto Mundell-Tobin, un aumento dell'inflazione porta a un aumento degli investimenti di capitale, che porta a un aumento della crescita: Il premio Nobel Robert Mundell ha osservato che un'inflazione moderata indurrebbe i risparmiatori a sostituire il prestito con la detenzione di una certa quantità di denaro come mezzo per finanziare la spesa futura. Questa sostituzione farebbe scendere i tassi di interesse reali di compensazione del mercato. Il tasso d'interesse reale più basso indurrebbe una maggiore assunzione di prestiti per finanziare gli investimenti. In modo simile, il premio Nobel James Tobin ha osservato che tale inflazione indurrebbe le imprese a sostituire gli investimenti in capitale fisico (impianti, attrezzature e scorte) con i saldi monetari nei loro portafogli di attività. Questa sostituzione significherebbe scegliere di effettuare investimenti con tassi di rendimento reale più bassi. (I tassi di rendimento sono più bassi perché gli investimenti con tassi di rendimento più elevati venivano già effettuati in precedenza). I due effetti correlati sono noti come effetto Mundell-Tobin. A meno che l'economia non stia già investendo eccessivamente secondo i modelli della teoria della crescita economica, gli investimenti supplementari derivanti dall'effetto sarebbero considerati positivi.

Instabilità con la deflazione

L'economista S.C. Tsiang ha osservato che una volta che si prevede una deflazione sostanziale, si manifesteranno due effetti importanti, entrambi dovuti al fatto che la detenzione di denaro sostituisce il prestito come strumento di risparmio. Il primo è che il continuo calo dei prezzi e il conseguente incentivo ad accumulare denaro provocheranno instabilità a causa del probabile aumento del timore, mentre le riserve di denaro crescono di valore, che il valore di tali riserve sia a rischio, poiché le persone si rendono conto che un movimento per scambiare tali riserve di denaro con beni e attività reali farà rapidamente salire i prezzi.

Qualsiasi movimento di spesa di tali riserve "una volta iniziato, diventerebbe una valanga tremenda, che potrebbe dilagare per molto tempo prima di esaurirsi". Pertanto, un regime di deflazione a lungo termine è probabile che sia interrotto da picchi periodici di inflazione rapida e da conseguenti perturbazioni economiche reali. Il secondo effetto rilevato da Tsiang è che quando i risparmiatori hanno sostituito la detenzione di moneta con l'erogazione di prestiti sui mercati finanziari, il ruolo di questi ultimi nel convogliare i risparmi verso gli investimenti viene compromesso. Con i tassi di interesse nominali portati a zero, o quasi, dalla competizione con un'attività monetaria ad alto rendimento, non ci sarebbe alcun meccanismo di prezzo in ciò che resta di quei mercati.

Con i mercati finanziari di fatto eutanasia, i prezzi dei beni e delle attività fisiche rimanenti si muoverebbero in direzioni perverse. Ad esempio, un maggiore desiderio di risparmio non potrebbe spingere i tassi d'interesse più in basso (e quindi stimolare gli investimenti), ma causerebbe invece un'ulteriore tesaurizzazione del denaro, facendo scendere ulteriormente i prezzi al consumo e rendendo così meno attraenti gli investimenti nella produzione di beni di consumo. Un'inflazione moderata, una volta che la sua aspettativa è incorporata nei tassi di interesse nominali, darebbe a questi ultimi il margine per salire e scendere in risposta alle mutevoli opportunità di investimento o alle preferenze dei risparmiatori, consentendo così ai mercati finanziari di funzionare in modo più normale.

Indennità per il costo della vita

Il potere d'acquisto reale dei pagamenti fissi viene eroso dall'inflazione, a meno che non vengano adeguati all'inflazione per mantenere costante il loro valore reale. In molti Paesi, i contratti di lavoro, le prestazioni pensionistiche e i diritti statali (come la previdenza sociale) sono legati a un indice del costo della vita, in genere all'indice dei prezzi al consumo. Un *adeguamento al costo della vita* (COLA) adegua gli stipendi in base alle variazioni dell'indice del costo della vita. Non controlla l'inflazione, ma cerca piuttosto di mitigarne le conseguenze per chi ha un reddito fisso. Nelle economie a bassa inflazione gli stipendi vengono tipicamente adeguati annualmente. In caso di iperinflazione vengono adeguati più spesso. Possono anche essere legati a un indice del costo della vita che varia in base alla posizione geografica se il dipendente si trasferisce.

Le clausole di aumento annuale nei contratti di lavoro possono specificare aumenti percentuali retroattivi o futuri della retribuzione dei lavoratori che non sono legati ad alcun indice. Questi aumenti retributivi negoziati sono chiamati colloquialmente "aggiustamenti del costo della vita" ("COLA") o "aumenti del costo della vita" per la loro somiglianza con gli aumenti legati a indici determinati dall'esterno.

Controllo dell'inflazione

Politica monetaria

La politica monetaria è la politica messa in atto dalle autorità monetarie (più spesso la banca centrale di una nazione) per controllare il tasso di interesse - o equivalentemente l'offerta di moneta - in modo da controllare l'inflazione e garantire la stabilità dei prezzi. Tassi di interesse più alti riducono l'offerta di moneta dell'economia perché meno persone chiedono prestiti. Quando le banche concedono prestiti, i proventi del prestito vengono generalmente depositati in conti bancari che fanno parte della massa monetaria, espandendola così. Quando le banche fanno meno prestiti, l'ammontare dei depositi bancari e quindi la massa monetaria diminuiscono. Ad esempio, all'inizio degli anni '80, quando il tasso dei fondi federali statunitensi superava il 15%, la quantità di dollari della Federal Reserve è diminuita dell'8,1%, passando da 8,6 trilioni di dollari a 7,9 trilioni.

Nella seconda metà del XX secolo, vi è stato un dibattito tra keynesiani e monetaristi sullo strumento appropriato da utilizzare per controllare l'inflazione. I monetaristi sottolineano un tasso di crescita basso e costante dell'offerta di moneta, mentre i keynesiani sottolineano il controllo della domanda aggregata, riducendo la domanda durante le espansioni economiche e aumentando la domanda durante le recessioni per mantenere stabile l'inflazione. Il controllo della domanda aggregata può essere ottenuto utilizzando la politica monetaria o la politica fiscale (aumento della tassazione o riduzione della spesa pubblica per ridurre la domanda).

A partire dagli anni '80, la maggior parte dei Paesi si è affidata principalmente alla politica monetaria per controllare l'inflazione. Quando l'inflazione supera un livello accettabile, la banca centrale del Paese aumenta il tasso di interesse, il che tende a rallentare la crescita economica e l'inflazione. Alcune banche centrali hanno un obiettivo di inflazione simmetrico, mentre altre reagiscono solo quando l'inflazione supera una certa soglia.

Nel XXI secolo, la maggior parte degli economisti è favorevole a un tasso di inflazione basso e costante. Nella maggior parte dei Paesi, le banche centrali o altre autorità monetarie hanno il compito di mantenere stabili i tassi di interesse e i prezzi e l'inflazione vicino a un tasso obiettivo. Questi obiettivi di inflazione possono essere resi pubblici o meno. Nella maggior parte dei Paesi OCSE, l'obiettivo di inflazione è solitamente compreso tra il 2% e il 3%. Le banche centrali mirano a un tasso di inflazione basso perché ritengono che un'inflazione elevata sia economicamente costosa, in quanto creerebbe incertezza sulle differenze dei prezzi relativi e sul tasso di inflazione stesso. Si punta a un tasso d'inflazione basso e positivo piuttosto che a uno zero o negativo perché quest'ultimo potrebbe causare o peggiorare le recessioni; un'inflazione bassa (rispetto a quella zero o negativa) riduce la gravità delle recessioni economiche consentendo al mercato del lavoro di adeguarsi più rapidamente in caso di recessione e riduce il rischio che una trappola della liquidità impedisca alla politica monetaria di stabilizzare l'economia.

Altri metodi

Tassi di cambio fissi

In un regime valutario a tasso di cambio fisso, la valuta di un Paese è legata in valore a un'altra valuta singola o a un paniere di altre valute (o talvolta a un'altra misura di valore, come l'oro). Un tasso di cambio fisso viene solitamente utilizzato per stabilizzare il valore di una valuta rispetto alla valuta a cui è agganciato. Può anche essere utilizzato come mezzo per controllare l'inflazione. Tuttavia, quando il valore della valuta di riferimento aumenta e diminuisce, lo fa anche la valuta a cui è agganciato. Ciò significa essenzialmente che il tasso di inflazione del paese a cambio fisso è determinato dal tasso di inflazione del paese a cui la valuta è ancorata. Inoltre, un tasso di cambio fisso impedisce al governo di utilizzare la politica monetaria interna per raggiungere la stabilità macroeconomica.

In base agli accordi di Bretton Woods, la maggior parte dei Paesi del mondo aveva valute fissate al dollaro statunitense. Questo limitava l'inflazione in quei Paesi, ma li esponeva anche al pericolo di attacchi speculativi. Dopo la rottura dell'accordo di Bretton Woods all'inizio degli anni '70, i Paesi sono passati gradualmente ai tassi di cambio fluttuanti. Tuttavia, nell'ultima parte del XX secolo, alcuni Paesi sono tornati a un tasso di cambio fisso nel tentativo di controllare l'inflazione. Questa politica di utilizzo di un tasso di cambio fisso per controllare l'inflazione è stata utilizzata in molti Paesi.

in Sud America nell'ultima parte del XX secolo (ad esempio Argentina (1991-2002), Bolivia, Brasile, Cile, Pakistan, ecc.)

Standard d'oro

Il gold standard è un sistema monetario in cui il mezzo di scambio comune di una regione è costituito da banconote di carta (o altri gettoni monetari) che di norma sono liberamente convertibili in quantità prestabilite e fisse di oro. Lo standard specifica le modalità di attuazione del supporto aureo, compresa la quantità di specie per unità monetaria. La moneta in sé non ha un *valore intrinseco*, ma è accettata dagli operatori perché può essere riscattata con l'equivalente in specie. Un certificato d'argento statunitense, ad esempio, può essere riscattato per un pezzo d'argento reale.

Il gold standard fu parzialmente abbandonato con l'adozione internazionale del sistema di Bretton Woods. In base a questo sistema, tutte le altre principali valute erano legate a tassi fissi al dollaro statunitense, che a sua volta era legato dal governo americano all'oro al tasso di 35 dollari per oncia. Il sistema di Bretton Woods si è rotto nel 1971, causando il passaggio della maggior parte dei Paesi alla moneta fiat, ossia al denaro sostenuto solo dalle leggi del Paese.

In un gold standard, il tasso di inflazione (o di deflazione) a lungo termine sarebbe determinato dal tasso di crescita dell'offerta di oro rispetto alla produzione totale. I critici sostengono che ciò causerebbe fluttuazioni arbitrarie del tasso di inflazione e che la politica monetaria sarebbe essenzialmente determinata dall'estrazione dell'oro.

Controllo dei salari e dei prezzi

Un altro metodo tentato in passato è stato il controllo dei salari e dei prezzi ("politiche dei redditi"). I controlli sui salari e sui prezzi hanno avuto successo in tempo di guerra, in combinazione con il razionamento. Tuttavia, il loro uso in altri contesti è molto più eterogeneo. Tra i fallimenti più significativi si ricorda l'imposizione dei controlli sui salari e sui prezzi da parte di Richard Nixon nel 1972. Esempi più riusciti sono il Prices and Incomes Accord in Australia e l'Accordo di Wassenaar nei Paesi Bassi.

In generale, i controlli sui salari e sui prezzi sono considerati una misura temporanea ed eccezionale, efficace solo se associata a politiche volte a ridurre le cause di fondo dell'inflazione durante il regime di controllo dei salari e dei prezzi, ad esempio la vittoria nella guerra che si sta combattendo. Spesso hanno effetti perversi, a causa dei segnali distorti che inviano al mercato. I prezzi artificialmente bassi spesso causano razionamenti e carenze e scoraggiano gli investimenti futuri, provocando ulteriori carenze. Secondo l'analisi economica abituale, qualsiasi prodotto o servizio sottoprezzato viene consumato in eccesso. Ad esempio, se il prezzo ufficiale del pane è troppo basso, ci sarà troppo poco pane ai prezzi ufficiali e troppo poco investimento nella produzione di pane da parte del mercato per soddisfare i bisogni futuri, aggravando così il problema a lungo termine.

I controlli temporanei possono essere *complementari a* una recessione come mezzo per combattere l'inflazione: i controlli rendono la recessione più efficiente come mezzo per combattere l'inflazione (riducendo la necessità di aumentare la disoccupazione), mentre la recessione previene il tipo di distorsioni che i controlli causano quando la domanda è elevata. In generale, tuttavia, il consiglio degli economisti è di non imporre controlli sui prezzi, ma di liberalizzarli, partendo dal presupposto che l'economia si adeguerà e abbandonerà l'attività economica non redditizia. La riduzione dell'attività economica comporterà una minore domanda di qualsiasi bene che stava causando l'inflazione, sia esso lavoro o risorse, e l'inflazione diminuirà con la produzione economica totale. Questo produce spesso una grave recessione, poiché la capacità produttiva viene riallocata, ed è quindi spesso molto impopolare con le persone i cui mezzi di sussistenza vengono distrutti (vedi distruzione creativa).

Banca Centrale Europea

La **Banca centrale europea** (**BCE**) è la componente principale dell'Eurosistema e del Sistema europeo di banche centrali (SEBC), nonché una delle sette istituzioni dell'Unione europea. È una delle banche centrali più importanti del mondo.

Il Consiglio direttivo della BCE definisce la politica monetaria per l'Eurozona e l'Unione europea, amministra le riserve valutarie degli Stati membri dell'UE, effettua operazioni di cambio e definisce gli obiettivi monetari intermedi e il tasso di interesse di riferimento dell'UE. Il Comitato esecutivo della BCE attua le politiche e le decisioni del Consiglio direttivo e può dare istruzioni alle banche centrali nazionali. La BCE ha il diritto esclusivo di autorizzare l'emissione di banconote in euro. Gli Stati membri possono emettere monete in euro, ma il volume deve essere preventivamente approvato dalla BCE. La banca gestisce anche il sistema di pagamenti TARGET2.

La BCE è stata istituita dal Trattato di Amsterdam nel maggio 1999 con lo scopo di garantire e mantenere la stabilità dei prezzi. Il 1° dicembre 2009, con l'entrata in vigore del Trattato di Lisbona, la banca ha acquisito lo status ufficiale di istituzione dell'UE. Al momento della sua creazione, la BCE copriva un'Eurozona di undici membri. Da allora hanno aderito la Grecia nel gennaio 2001, la Slovenia nel gennaio 2007, Cipro e Malta nel gennaio 2008, la Slovacchia nel gennaio 2009, l'Estonia nel gennaio 2011, la Lettonia nel gennaio 2014 e la Lituania nel gennaio 2015. L'attuale presidente della BCE è Christine Lagarde. La banca ha sede a Francoforte, in Germania, e prima della costruzione della nuova sede occupava l'Eurotower.

La BCE è governata direttamente dal diritto dell'Unione Europea. Il suo capitale sociale, del valore di 11 miliardi di euro, è detenuto da tutte le 27 banche centrali degli Stati membri dell'UE in qualità di azionisti. Lo schema iniziale di allocazione del capitale è stato determinato nel 1998 sulla base della popolazione e del PIL degli Stati, ma da allora lo schema di allocazione del capitale è stato riadattato. Le azioni della BCE non sono trasferibili e non possono essere utilizzate come garanzia.

La storia

I primi anni della BCE (1998-2007)

La Banca centrale europea è *di fatto* il successore dell'Istituto monetario europeo (IME). L'IME è stato istituito all'inizio della seconda fase dell'Unione economica e monetaria (UEM) dell'UE per gestire le questioni transitorie degli Stati che adottano l'euro e preparare la creazione della BCE e del Sistema europeo di banche centrali (SEBC). L'IME stesso ha preso il posto del precedente Fondo europeo di cooperazione monetaria (FME).

La BCE ha formalmente sostituito l'IME il 1° giugno 1998 in virtù del Trattato sull'Unione europea (TUE, Trattato di Maastricht), ma non ha esercitato i suoi pieni poteri fino all'introduzione dell'euro il 1° gennaio 1999, segnando la terza fase dell'UEM. La banca era l'ultima istituzione necessaria per l'UEM, come indicato nei rapporti sull'UEM di Pierre Werner e del presidente Jacques Delors. Il primo presidente della Banca fu Wim Duisenberg, ex presidente della banca centrale olandese e dell'Istituto monetario europeo. Mentre Duisenberg era stato a capo dell'IME (subentrando al belga Alexandre Lamfalussy) poco prima della nascita della BCE, il governo francese voleva che Jean-Claude Trichet, ex capo della banca centrale francese, fosse il primo presidente della BCE.

I francesi sostenevano che, poiché la BCE avrebbe avuto sede in Germania, il suo presidente avrebbe dovuto essere francese. I governi tedesco, olandese e belga si opposero, vedendo in Duisenberg il garante di un euro forte. Le tensioni si placarono con un accordo tra gentiluomini in cui Duisenberg si sarebbe dimesso prima della fine del suo mandato, per essere sostituito da Trichet.

Trichet ha sostituito Duisenberg come presidente nel novembre 2003. Fino al 2007, la BCE era riuscita a mantenere l'inflazione vicina ma inferiore al 2%.

La risposta della BCE alle crisi finanziarie (2008-2014)

La Banca Centrale Europea ha subito una profonda trasformazione interna nel momento in cui ha affrontato la crisi finanziaria globale e la crisi del debito dell'Eurozona.

Risposta tempestiva alla crisi del debito dell'Eurozona

La cosiddetta *crisi del debito europea* è iniziata dopo che il nuovo governo eletto della Grecia ha scoperto il livello reale dell'indebitamento e del deficit di bilancio e ha avvertito le istituzioni dell'UE dell'imminente pericolo di un default sovrano greco.

Prevedendo un possibile default sovrano nell'Eurozona, l'opinione pubblica, le istituzioni internazionali ed europee e la comunità finanziaria hanno rivalutato la situazione economica e l'affidabilità creditizia di alcuni Stati membri dell'Eurozona, in particolare dei Paesi del Sud. Di conseguenza, i rendimenti delle obbligazioni sovrane di diversi Paesi dell'Eurozona hanno iniziato a salire bruscamente. Ciò ha provocato un panico che si è autoavverato sui mercati finanziari: più i rendimenti delle obbligazioni greche aumentavano, più diventava probabile un default, più i rendimenti delle obbligazioni aumentavano a loro volta.

Il panico è stato aggravato anche dall'incapacità della BCE di reagire e intervenire sui mercati dei titoli sovrani per due motivi. In primo luogo, poiché il quadro giuridico della BCE vieta normalmente l'acquisto di obbligazioni sovrane (articolo 123 del TFUE), ciò ha impedito alla BCE di attuare il quantitative easing come hanno fatto la Federal Reserve e la Banca d'Inghilterra già nel 2008, che ha svolto un ruolo importante nella stabilizzazione dei mercati.

In secondo luogo, una decisione presa dalla BCE nel 2005 ha introdotto un rating minimo (BBB-) per tutte le obbligazioni sovrane dell'Eurozona che possono essere utilizzate come garanzia per le operazioni di mercato aperto della BCE. Ciò significava che se un'agenzia di rating privata avesse declassato un'obbligazione sovrana al di sotto di tale soglia, molte banche sarebbero diventate improvvisamente illiquide perché avrebbero perso l'accesso alle operazioni di rifinanziamento della BCE. Secondo l'ex membro del Consiglio direttivo della BCE Athanasios Orphanides, questa modifica del quadro delle garanzie della BCE ha "piantato il seme" della crisi dell'euro.

Di fronte a questi vincoli normativi, nel 2010 la BCE guidata da Jean-Claude Trichet è stata riluttante a intervenire per calmare i mercati finanziari. Fino al 6 maggio 2010, Trichet ha formalmente negato in diverse conferenze stampa la possibilità che la BCE si impegnasse nell'acquisto di titoli sovrani, nonostante Grecia, Portogallo, Spagna e Italia si trovassero ad affrontare ondate di declassamenti del rating del credito e l'aumento degli spread dei tassi di interesse.

Interventi di mercato della BCE (2010-2011)

Con una straordinaria inversione di rotta, il 10 maggio 2010 la BCE ha annunciato il lancio di un "Programma per il mercato dei titoli" (SMP) che prevede l'acquisto discrezionale di titoli sovrani sui mercati secondari. Straordinariamente, la decisione è stata presa dal Consiglio direttivo durante una teleconferenza solo tre giorni dopo la consueta riunione della BCE del 6 maggio (quando Trichet aveva ancora negato la possibilità di acquistare titoli sovrani). La BCE ha giustificato questa decisione con la necessità di "affrontare le gravi tensioni sui mercati finanziari". La decisione ha coinciso anche con la decisione dei leader dell'UE del 10 maggio di istituire il Meccanismo europeo di stabilizzazione finanziaria, che sarebbe servito come fondo anticrisi per salvaguardare l'area dell'euro da future crisi del debito sovrano.

L'acquisto di obbligazioni da parte della BCE si è concentrato principalmente sul debito spagnolo e italiano. Il loro scopo era quello di smorzare la speculazione internazionale contro questi Paesi, evitando così il contagio della crisi greca verso altri Paesi dell'Eurozona. L'ipotesi è che l'attività speculativa diminuisca nel tempo e che il valore degli asset aumenti.

Sebbene l'SMP abbia comportato un'iniezione di nuova moneta nei mercati finanziari, tutte le iniezioni della BCE sono state "sterilizzate" attraverso l'assorbimento settimanale di liquidità. Pertanto, l'operazione è stata neutrale per l'offerta complessiva di moneta.
Nel settembre 2011, il membro del Consiglio direttivo della BCE, Jürgen Stark, si è dimesso per protestare contro il "Programma per il mercato dei titoli", che prevedeva l'acquisto di titoli sovrani degli Stati membri meridionali, un'azione che egli considerava equivalente al finanziamento monetario, vietato dal Trattato UE. Il *Financial Times Deutschland ha* definito questo episodio come "la fine della BCE come la conosciamo", facendo riferimento alla sua posizione finora percepita come "falco" sull'inflazione e alla sua storica influenza sulla Deutsche Bundesbank.

Al 18 giugno 2012, la BCE aveva speso complessivamente 212,1 miliardi di euro (pari al 2,2% del PIL dell'Eurozona) per l'acquisto di obbligazioni a copertura del debito definitivo, nell'ambito del Securities Markets Programme. In modo controverso, la BCE ha ottenuto notevoli profitti dall'SMP, che sono stati in gran parte ridistribuiti ai Paesi dell'Eurozona. Nel 2013, l'Eurogruppo ha deciso di rimborsare tali profitti alla

Grecia, ma i pagamenti sono stati sospesi dal 2014 al 2017 a causa del conflitto tra Yanis Varoufakis e i ministri dell'Eurogruppo. Nel 2018, i rimborsi dei profitti sono stati ripristinati dall'Eurogruppo.

Tuttavia, diverse ONG hanno denunciato che una parte sostanziale dei profitti della BCE non sarebbe mai stata rimborsata alla Grecia.

Ruolo nella Troika (2010-2015)

La BCE ha svolto un ruolo controverso nella "Troika", rifiutando ogni forma di ristrutturazione del debito pubblico e privato, costringendo i governi ad adottare programmi di salvataggio e riforme strutturali attraverso lettere segrete ai governi italiano, spagnolo, greco e irlandese. È stata inoltre accusata di aver interferito nel referendum greco del luglio 2015, limitando la liquidità alle banche commerciali greche.

Nel novembre 2010 è apparso chiaro che l'Irlanda non avrebbe potuto permettersi di salvare le sue banche in crisi, in particolare Anglo Irish Bank, che aveva bisogno di circa 30 miliardi di euro, una somma che il governo non poteva ovviamente prendere in prestito dai mercati finanziari quando i rendimenti delle sue obbligazioni erano saliti a livelli paragonabili a quelli delle obbligazioni greche. Invece, il governo ha emesso una "promissory note" (un pagherò) da 31 miliardi di euro a Anglo - che aveva nazionalizzato. A sua volta, la banca ha fornito la cambiale come garanzia alla Banca Centrale d'Irlanda, in modo da poter accedere all'assistenza di liquidità di emergenza (ELA). In questo modo, Anglo ha potuto rimborsare i suoi obbligazionisti. L'operazione è stata molto controversa, in quanto ha sostanzialmente spostato i debiti privati di Anglo nel bilancio dello Stato.

In seguito è emerso chiaramente che la BCE ha svolto un ruolo fondamentale nell'assicurarsi che il governo irlandese non lasciasse che Anglo andasse in default sui suoi debiti, al fine di evitare rischi di instabilità finanziaria. Il 15 ottobre e il 6 novembre 2010, il presidente della BCE Jean-Claude Trichet ha inviato due lettere segrete al ministro delle Finanze irlandese, nelle quali informava il governo irlandese della possibile sospensione delle linee di credito ELA, a meno che il governo non avesse richiesto all'Eurogruppo un programma di assistenza finanziaria a condizione di ulteriori riforme e di consolidamento fiscale.

Nel corso del 2012 e del 2013, la BCE ha ripetutamente insistito sulla necessità di rimborsare integralmente le cambiali e ha rifiutato la proposta del governo di scambiare le cambiali con un'obbligazione a lungo termine (e meno costosa) fino al febbraio 2013. Inoltre, la BCE ha insistito affinché non venisse applicata alcuna ristrutturazione del debito (o bail-in) agli obbligazionisti delle banche nazionalizzate, una misura che avrebbe potuto far risparmiare all'Irlanda 8 miliardi di euro.

Nell'aprile 2011, la BCE ha aumentato i tassi di interesse per la prima volta dal 2008, portandoli dall'1% all'1,25%, con un ulteriore aumento all'1,50% nel luglio 2011. Tuttavia, nel 2012-2013 la BCE ha ridotto drasticamente i tassi di interesse per incoraggiare la crescita economica, raggiungendo il minimo storico dello 0,25% nel novembre 2013.

Poco dopo i tassi sono stati ridotti allo 0,15%, poi il 4 settembre 2014 la banca centrale ha ridotto i tassi di due terzi, dallo 0,15% allo 0,05%. La Banca centrale europea non era pronta a gestire l'offerta di moneta durante la crisi del 2008, pertanto ha iniziato a utilizzare lo strumento del quantitative easing solo nel 2015.

In una relazione adottata il 13 marzo 2014, il Parlamento europeo ha criticato il "potenziale conflitto di interessi tra l'attuale ruolo della BCE nella Troika come 'consulente tecnico' e la sua posizione di creditore dei quattro Stati membri, nonché il suo mandato ai sensi del Trattato". La relazione è stata guidata dall'eurodeputato austriaco di destra Othmar Karas e dall'eurodeputato francese socialista Liem Hoang Ngoc.

La risposta della BCE sotto Mario Draghi (2012-2015)

Il 1° novembre 2011, Mario Draghi ha sostituito Jean-Claude Trichet come Presidente della BCE. Questo cambio di leadership segna anche l'inizio di una nuova era in cui la BCE diventerà sempre più interventista e finirà per porre fine alla crisi del debito sovrano dell'Eurozona.

La presidenza di Draghi è iniziata con l'impressionante lancio di un nuovo ciclo di prestiti all'1% con una durata di tre anni (36 mesi) - le **operazioni di rifinanziamento a lungo termine (LTRO)**. Nell'ambito di questo programma, 523 banche hanno attinto a 489,2 miliardi di euro (640 miliardi di dollari). Gli osservatori sono rimasti sorpresi dal volume dei prestiti erogati al momento dell'attuazione del programma. L'importo di gran lunga maggiore, pari a 325 miliardi di euro, è stato utilizzato dalle banche di Grecia, Irlanda, Italia e Spagna. Sebbene questi prestiti LTRO non siano andati direttamente a beneficio dei governi dell'UE, hanno effettivamente permesso alle banche di effettuare un carry trade, prestando i prestiti LTRO ai governi con un margine di interesse. L'operazione ha anche facilitato il rollover di 200 miliardi di euro di debiti bancari in scadenza nei primi tre mesi del 2012.

"Costi quel che costi" (26 luglio 2012)

Di fronte ai rinnovati timori sui sovrani dell'eurozona, Mario Draghi ha tenuto un discorso decisivo a Londra, dichiarando che la BCE "...è pronta a fare *tutto il necessario* per preservare l'euro. E credetemi, sarà sufficiente". Alla luce dei lenti progressi politici nella risoluzione della crisi dell'eurozona, la dichiarazione di Draghi è stata considerata un punto di svolta fondamentale nella crisi dell'eurozona, in quanto è stata immediatamente accolta con favore dai leader europei e ha portato a un costante calo dei rendimenti obbligazionari dei Paesi dell'eurozona, in particolare di Spagna, Italia e Francia.

Facendo seguito al discorso di Draghi, il 6 settembre 2012 la BCE ha annunciato il programma **Outright Monetary Transactions** (OMT). A differenza del precedente programma SMP, l'OMT non ha limiti temporali o dimensionali ex ante. Tuttavia, l'attivazione degli acquisti resta subordinata all'adesione del Paese beneficiario a un programma di aggiustamento con il MES. Il programma è stato adottato quasi all'unanimità: il presidente della Bundesbank Jens Weidmann è stato l'unico membro del Consiglio direttivo della BCE a votare contro.

Anche se l'OMT non è mai stato effettivamente attuato fino ad oggi, ha reso credibile l'impegno "whatever it takes" e ha contribuito in modo significativo a stabilizzare i mercati finanziari e a porre fine alla crisi del debito sovrano. Secondo diverse fonti, il programma OMT e i discorsi "whatever it takes" sono stati possibili perché i leader dell'UE hanno precedentemente concordato di costruire l'unione bancaria.

Bassa inflazione e quantitative easing (2015-2019)

Nel novembre 2014 la banca si è trasferita nella nuova sede, mentre l'edificio dell'Eurotower è stato dedicato a ospitare le attività di vigilanza della BCE recentemente istituite nell'ambito del Meccanismo di vigilanza unico.

Sebbene la crisi del debito sovrano sia stata quasi risolta nel 2014, la BCE ha iniziato a confrontarsi con un ripetuto calo del tasso di inflazione dell'Eurozona, indicando che l'economia si stava avviando verso la deflazione. In risposta a questa minaccia, il 4 settembre 2014 la BCE ha annunciato il lancio di due programmi di acquisto di obbligazioni: il Covered Bond Purchasing Programme (CBPP3) e l'Asset-Backed Securities Programme (ABSPP). Il 22 gennaio 2015, la BCE ha annunciato un'estensione di tali programmi nell'ambito di un vero e proprio programma di "quantitative easing" che include anche i titoli sovrani, per un ammontare di 60 miliardi di euro al mese almeno fino a settembre 2016. Il programma è stato avviato il 9 marzo 2015.

L'8 giugno 2016 la BCE ha aggiunto le obbligazioni societarie al suo portafoglio di acquisti di attività con il lancio del programma di acquisto del settore societario (CSPP). Nell'ambito di questo programma, la BCE ha effettuato acquisti netti di obbligazioni societarie fino a gennaio 2019, raggiungendo circa 177 miliardi di euro. Mentre il programma è stato interrotto per 11 mesi nel gennaio 2019, la BCE ha ripreso gli acquisti netti nel novembre 2019.

Al 2021, l'entità del programma di quantitative easing della BCE ha raggiunto i 2947 miliardi di euro.

L'era di Christine Lagarde (2019-)

Nel luglio 2019, i leader dell'UE hanno nominato Christine Lagarde per sostituire Mario Draghi come presidente della BCE. La Lagarde si è dimessa dalla carica di direttore generale del Fondo monetario internazionale nel luglio 2019 e ha assunto formalmente la presidenza della BCE il 1° novembre 2019.

La Lagarde ha immediatamente segnalato un cambiamento di stile nella leadership della BCE. Ha avviato una revisione strategica della strategia di politica monetaria della BCE, un esercizio che la BCE non faceva da 17 anni. Nell'ambito di questo esercizio, la Lagarde ha impegnato la BCE a studiare come la politica monetaria possa contribuire ad affrontare il cambiamento climatico e ha promesso che "non verrà lasciato nulla di intentato". La Presidente della BCE ha anche adottato un cambiamento nello stile di comunicazione, in particolare nell'uso dei social media per promuovere l'uguaglianza di genere e aprendo il dialogo con le parti interessate della società civile.

Risposta alla crisi del COVID-19

Tuttavia, le ambizioni della Lagarde sono state rapidamente rallentate dallo scoppio della crisi pandemica del COVID-19.

Nel marzo 2020, la BCE ha risposto in modo rapido e coraggioso lanciando un pacchetto di misure che comprendeva un nuovo programma di acquisto di attività: il Pandemic Emergency Purchase Programme (PEPP) da 1.350 miliardi di euro, finalizzato a ridurre i costi di finanziamento e ad aumentare i prestiti nell'area dell'euro. Il PEPP è stato esteso ad altri 500 miliardi di euro nel dicembre 2020. La BCE ha inoltre rilanciato altri prestiti TLTRO alle banche a livelli storicamente bassi e con un tasso di utilizzo record (1.300 miliardi di euro a giugno 2020). Anche i prestiti delle banche alle PMI sono stati agevolati dalle misure di allentamento delle garanzie e da altri allentamenti della vigilanza. La BCE ha inoltre riattivato le linee di swap in valuta e potenziato quelle esistenti con le banche centrali di tutto il mondo.

Revisione della strategia

A seguito della crisi COVID-19, la BCE ha esteso la durata della revisione della strategia fino a settembre 2021. Il 13 luglio 2021, la BCE ha presentato i risultati della revisione della strategia, con i principali annunci seguenti:

- La BCE ha annunciato un nuovo obiettivo di inflazione al 2% invece di quello "vicino ma inferiore al 2%". La BCE ha anche chiarito che potrebbe superare l'obiettivo in determinate circostanze.
- La BCE ha annunciato che cercherà di incorporare il costo degli alloggi (affitti imputati) nella misurazione dell'inflazione.
- La BCE ha annunciato un piano d'azione sul cambiamento climatico

La BCE ha inoltre dichiarato che effettuerà un'altra revisione della strategia nel 2025.

Mandato e obiettivo di inflazione

A differenza di molte altre banche centrali, la BCE non ha un *doppio mandato* in cui deve perseguire due obiettivi ugualmente importanti come la stabilità dei prezzi e la piena occupazione (come il Federal Reserve System statunitense). La BCE ha un solo obiettivo primario - la stabilità dei prezzi - subordinato al quale può perseguire obiettivi secondari.

Mandato primario

L'obiettivo primario della Banca centrale europea, sancito dall'articolo 127, paragrafo 1, del Trattato sul funzionamento dell'Unione europea, è il mantenimento della stabilità dei prezzi all'interno dell'Eurozona. Tuttavia, i Trattati dell'UE non specificano esattamente come la BCE debba perseguire questo obiettivo. La Banca centrale europea ha un'ampia discrezionalità sul modo in cui perseguire l'obiettivo della stabilità dei prezzi, in quanto può decidere autonomamente l'obiettivo di inflazione e può anche influenzare il modo in cui l'inflazione viene misurata.

Nell'ottobre 1998 il Consiglio direttivo ha definito la stabilità dei prezzi come un'inflazione inferiore al 2%, "un aumento su base annua dell'indice armonizzato dei prezzi al consumo (IAPC) per l'area dell'euro inferiore al 2%" e ha aggiunto che la stabilità dei prezzi "doveva essere mantenuta nel medio termine". Nel maggio 2003, a seguito di un'approfondita revisione della strategia di politica monetaria della BCE, il Consiglio direttivo ha chiarito che "nel perseguire la stabilità dei prezzi, mira a mantenere i tassi di inflazione **al di sotto, ma prossimi**, **al** 2% nel medio termine".

Dal 2016, il presidente della Banca Centrale Europea ha ulteriormente adeguato la sua comunicazione, introducendo la nozione di "simmetria" nella definizione del suo obiettivo, chiarendo così che la BCE dovrebbe rispondere sia alle pressioni inflazionistiche che a quelle deflazionistiche. Come ha detto Draghi, "la simmetria significava non solo che non avremmo accettato un'inflazione persistentemente bassa, ma anche che non c'era un tetto all'inflazione al 2%".

L'8 luglio 2021, a seguito della revisione strategica guidata dal nuovo presidente Christine Lagarde, la BCE ha ufficialmente abbandonato la definizione "al di sotto ma vicino al 2%", adottando invece un obiettivo simmetrico del 2%.

Mandato secondario

Fatto salvo l'obiettivo della stabilità dei prezzi, il Trattato (127 TFUE) prevede che la BCE possa perseguire anche altri obiettivi:

"Fatto salvo l'obiettivo della stabilità dei prezzi, il SEBC sostiene le politiche economiche generali nell'Unione al fine di contribuire alla realizzazione degli obiettivi dell'Unione stabiliti nell'articolo 3 del trattato sull'Unione europea".

Questa disposizione legale è spesso considerata un "mandato secondario" per la BCE e offre ampie giustificazioni per la BCE di dare priorità anche ad altre considerazioni come la piena occupazione o la protezione dell'ambiente, che sono menzionate nell'articolo 3 del Trattato sull'Unione Europea. Allo stesso tempo, economisti e commentatori sono spesso divisi sul se e come la BCE debba perseguire questi obiettivi secondari, in particolare l'impatto ambientale. I funzionari della BCE hanno anche spesso sottolineato le possibili contraddizioni tra questi obiettivi secondari. Per meglio orientare l'azione della BCE sui suoi obiettivi secondari, è stato suggerito che sarebbe giustificata una più stretta consultazione con il Parlamento europeo.

Compiti

Per svolgere la sua missione principale, la BCE ha i seguenti compiti:

- Definizione e attuazione **della politica monetaria**
- Gestione delle **operazioni di cambio**
- **Mantenere il sistema di pagamento** per promuovere il buon funzionamento dell'infrastruttura del mercato finanziario nell'ambito del sistema di pagamenti TARGET2 e della piattaforma tecnica attualmente sviluppata per il regolamento dei titoli in Europa (TARGET2 Securities).
- **Ruolo consultivo:** per legge, il parere della BCE è richiesto su qualsiasi legislazione nazionale o dell'UE che rientri nelle sue competenze.
- **Raccolta e definizione di statistiche**
- **Cooperazione internazionale**
- **Emissione di banconote:** la BCE detiene il diritto esclusivo di autorizzare l'emissione di banconote in euro. Gli Stati membri possono emettere monete in euro, ma l'importo deve essere preventivamente autorizzato dalla BCE (al momento dell'introduzione dell'euro, la BCE aveva anche il diritto esclusivo di emettere monete).
- **Stabilità finanziaria e politica prudenziale**
- **Vigilanza bancaria:** dal 2013 la BCE è stata incaricata di vigilare sulle banche di rilevanza sistemica.

Strumenti di politica monetaria

Il principale strumento di politica monetaria della banca centrale europea è il prestito garantito o i contratti repo. Questi strumenti sono utilizzati anche dalla Federal Reserve Bank degli Stati Uniti, ma la Fed effettua più acquisti diretti di attività finanziarie rispetto alla sua controparte europea. Il collaterale utilizzato dalla BCE è tipicamente il debito pubblico e privato di alta qualità.

Tutti i prestiti agli istituti di credito devono essere garantiti come previsto dall'articolo 18 dello Statuto del SEBC.

I criteri per determinare l'"alta qualità" del debito pubblico sono stati i prerequisiti per l'adesione all'Unione Europea: il debito totale non deve essere troppo grande in relazione al prodotto interno lordo, ad esempio, e i deficit in un dato anno non devono diventare troppo grandi. Sebbene questi criteri siano piuttosto semplici, una serie di tecniche contabili può nascondere la realtà sottostante della solvibilità fiscale, o la sua mancanza.

Differenza con la Federal Reserve statunitense

La Federal Reserve Bank degli Stati Uniti acquista attività: in genere, obbligazioni emesse dal governo federale. Non c'è limite alle obbligazioni che può acquistare e uno degli strumenti a sua disposizione in caso di crisi finanziaria è quello di adottare misure straordinarie come l'acquisto di grandi quantità di attività come la carta commerciale. Lo scopo di tali operazioni è quello di garantire la disponibilità di liquidità adeguata per il funzionamento del sistema finanziario.

L'Eurosistema, invece, utilizza i prestiti garantiti come strumento di default. Ci sono circa 1.500 banche idonee che possono fare offerte per contratti repo a breve termine. La differenza è che le banche prendono in prestito contanti dalla BCE e devono restituirli; la breve durata consente di adeguare continuamente i tassi di interesse. Alla scadenza dei PcT, le banche partecipanti fanno un'altra offerta. Un aumento della quantità di banconote offerte all'asta consente un aumento della liquidità nell'economia. Una diminuzione ha l'effetto contrario. I contratti sono iscritti all'attivo del bilancio della Banca Centrale Europea, mentre i depositi risultanti presso le banche aderenti sono iscritti al passivo. In parole povere, il passivo della banca centrale è il denaro, e un aumento dei depositi presso le banche membri, che la banca centrale detiene come passivo, significa che è stato immesso più denaro nell'economia.

Per poter partecipare alle aste, le banche devono essere in grado di fornire la prova di un adeguato collaterale sotto forma di prestiti ad altre entità. Può trattarsi del debito pubblico degli Stati membri, ma è accettata anche una gamma piuttosto ampia di titoli bancari privati. I requisiti di adesione all'Unione Europea, piuttosto stringenti, soprattutto per quanto riguarda il debito sovrano come percentuale del prodotto interno lordo di ogni Stato membro, sono concepite per garantire che le attività offerte alla banca come garanzia siano, almeno in teoria, tutte ugualmente valide e tutte ugualmente protette dal rischio di inflazione.

Organizzazione

La BCE ha quattro organi decisionali, che prendono tutte le decisioni con l'obiettivo di adempiere al mandato della BCE:

- il Comitato esecutivo,
- il Consiglio direttivo,
- il Consiglio Generale e · il Consiglio di sorveglianza.

Organi decisionali

Comitato esecutivo

Il Comitato esecutivo è responsabile dell'attuazione della politica monetaria (definita dal Consiglio direttivo) e della gestione quotidiana della banca. Può emanare decisioni alle banche centrali nazionali e può anche esercitare i poteri che gli sono stati delegati dal Consiglio direttivo. Il Presidente della BCE assegna ai membri del Comitato esecutivo un portafoglio di responsabilità. Il Comitato esecutivo si riunisce di norma ogni martedì.

È composto dal Presidente della Banca (attualmente Christine Lagarde), dal Vicepresidente (attualmente Luis de Guindos) e da altri quattro membri. Sono tutti nominati dal Consiglio europeo per mandati non rinnovabili di otto anni. I membri del Comitato esecutivo della BCE sono nominati "di comune accordo dai governi degli Stati membri a livello di capi di Stato o di governo, su raccomandazione del Consiglio, previa consultazione del Parlamento europeo e del Consiglio direttivo della BCE, tra persone di riconosciuta levatura ed esperienza professionale nel settore monetario o bancario".

José Manuel González-Páramo, membro spagnolo del Comitato esecutivo dal giugno 2004, avrebbe dovuto lasciare il Consiglio all'inizio di giugno 2012, ma a fine maggio non era stato nominato alcun sostituto. Gli spagnoli avevano designato il barcellonese Antonio Sáinz de Vicuña - un veterano della BCE che dirige il suo dipartimento legale - come sostituto di

González-Páramo già nel gennaio 2012, ma sono state proposte alternative da Lussemburgo, Finlandia e Slovenia e non è stata presa alcuna decisione entro maggio. Dopo una lunga battaglia politica e i ritardi dovuti alle proteste del Parlamento europeo per la mancanza di equilibrio di genere alla BCE, il lussemburghese Yves Mersch è stato nominato come sostituto di González-Páramo.

Nel dicembre 2020, Frank Elderson è succeduto a Yves Mersch nel consiglio della BCE.

Consiglio direttivo

Il Consiglio direttivo è il principale organo decisionale dell'Eurosistema. È composto dai membri del comitato esecutivo (sei in totale) e dai governatori delle banche centrali nazionali dei Paesi dell'area dell'euro (19 nel 2015).

Ai sensi dell'articolo 284 del TFUE, il Presidente del Consiglio europeo e un rappresentante della Commissione europea possono partecipare alle riunioni in qualità di osservatori, ma non hanno diritto di voto.

Da gennaio 2015 la BCE pubblica sul proprio sito web una sintesi delle deliberazioni del Consiglio direttivo ("resoconti"). Queste pubblicazioni sono state una risposta parziale alle critiche ricorrenti contro l'opacità della BCE. Tuttavia, a differenza di altre banche centrali, la BCE non divulga ancora i dati di voto individuali dei governatori che siedono nel suo consiglio.

Consiglio generale

Il Consiglio generale è un organo che si occupa delle questioni transitorie legate all'adozione dell'euro, ad esempio la fissazione dei tassi di cambio delle valute che vengono sostituite dall'euro (continuando i compiti del precedente IME). Continuerà a esistere finché tutti gli Stati membri dell'UE non adotteranno l'euro, dopodiché sarà sciolto. È composto dal presidente e dal vicepresidente insieme ai governatori di tutte le banche centrali nazionali dell'UE.

Consiglio di vigilanza

Il Consiglio di vigilanza si riunisce due volte al mese per discutere, pianificare e svolgere i compiti di vigilanza della BCE. Propone progetti di decisione al Consiglio direttivo secondo la procedura di non obiezione. È composto dal presidente (nominato per un mandato non rinnovabile di cinque anni), dal vicepresidente (scelto tra i membri del comitato esecutivo della BCE), da quattro rappresentanti della BCE e dai rappresentanti delle autorità di vigilanza nazionali. Se l'autorità nazionale di vigilanza designata da uno Stato membro non è una banca centrale nazionale (BCN), il rappresentante dell'autorità competente può essere accompagnato da un rappresentante della propria BCN. In tal caso, i rappresentanti sono considerati insieme come un unico membro ai fini della procedura di voto.

Il Consiglio di vigilanza è composto anche dal Comitato direttivo, che supporta le attività del Consiglio di vigilanza e prepara le riunioni del Consiglio. È composto dal presidente del Consiglio di vigilanza, dal vicepresidente del Consiglio di vigilanza, da un rappresentante della BCE e da cinque rappresentanti delle autorità di vigilanza nazionali. I cinque rappresentanti delle autorità di vigilanza nazionali sono nominati dal Consiglio di vigilanza per un anno sulla base di un sistema di rotazione che assicura un'equa rappresentanza dei Paesi.

Sottoscrizione di capitale

La BCE è regolata direttamente dal diritto europeo, ma il suo assetto assomiglia a quello di una società per azioni, nel senso che la BCE ha azionisti e capitale sociale. Il suo capitale iniziale doveva essere
Lo schema iniziale di allocazione del capitale è stato determinato nel 1998 sulla base della popolazione e del PIL degli Stati membri, ma lo schema è modificabile. Le BCN dell'area dell'euro erano tenute a versare integralmente le rispettive quote di capitale della BCE. Le BCN dei Paesi non partecipanti hanno dovuto versare il 7% delle rispettive quote di capitale della BCE come contributo ai costi operativi della BCE. Di conseguenza, la BCE è stata dotata di un capitale iniziale di poco meno di 4 miliardi di euro. Il capitale è detenuto dalle banche centrali nazionali degli Stati membri in qualità di azionisti. Le quote della BCE non sono trasferibili e non possono essere utilizzate come garanzia. Le BCN sono le uniche sottoscrittrici e detentrici del capitale della BCE.

Oggi il capitale della BCE ammonta a circa 11 miliardi di euro ed è detenuto dalle banche centrali nazionali degli Stati membri in qualità di azionisti. Le quote di capitale delle BCN sono calcolate in base a uno schema di capitale che riflette la quota dei rispettivi membri nella popolazione totale e nel prodotto interno lordo dell'UE. La BCE adegua le quote ogni cinque anni e ogni volta che il numero delle BCN contribuenti cambia. L'adeguamento viene effettuato sulla base dei dati forniti dalla Commissione europea.

Di seguito sono elencate tutte le banche centrali nazionali (BCN) che detengono una quota del capitale della BCE al 1° febbraio 2020. Le BCN non appartenenti all'area dell'euro sono tenute a versare solo una percentuale molto ridotta del capitale sottoscritto, il che spiega la diversa entità del capitale versato totale dell'area dell'euro e di quello non appartenente all'area dell'euro.

Riserve

Oltre alle sottoscrizioni di capitale, le BCN degli Stati membri partecipanti all'area dell'euro hanno fornito alla BCE attività di riserva in valuta estera pari a circa 40 miliardi di euro. I contributi di ciascuna BCN sono proporzionali alla sua quota di capitale sottoscritto dalla BCE, mentre in cambio ogni BCN si vede accreditare dalla BCE un credito in euro equivalente al suo contributo. Il 15% dei contributi è stato versato in oro e il restante 85% in dollari USA e sterline britanniche.

Le lingue

La lingua di lavoro interna della BCE è generalmente l'inglese o il tedesco e le conferenze stampa si tengono solitamente in inglese. Le comunicazioni esterne sono gestite in modo flessibile: L'inglese è preferito (anche se non esclusivamente) per le comunicazioni all'interno del SEBC (cioè con le altre banche centrali) e con i mercati finanziari; le comunicazioni con gli altri organismi nazionali e con i cittadini dell'UE avvengono di norma nelle rispettive lingue, ma il sito web della BCE è prevalentemente in inglese; i documenti ufficiali, come il Rapporto annuale, sono redatti nelle lingue ufficiali dell'UE (generalmente inglese, tedesco e francese).

Nel 2022, la BCE pubblica per la prima volta i dettagli sulla nazionalità del suo personale, rivelando una sovrarappresentazione di tedeschi e italiani tra i dipendenti della BCE, anche nelle posizioni dirigenziali.

L'indipendenza

La Banca centrale europea (e, per estensione, l'Eurosistema) è spesso considerata la "banca centrale più indipendente del mondo". In termini generali, ciò significa che i compiti e le politiche dell'Eurosistema possono essere discussi, progettati, decisi e attuati in piena autonomia, senza pressioni o necessità di istruzioni da parte di alcun organismo esterno. La principale giustificazione dell'indipendenza della BCE è che tale assetto istituzionale favorisce il mantenimento della stabilità dei prezzi.

In pratica, l'indipendenza della BCE si basa su quattro principi chiave:

- **Indipendenza operativa e giuridica**: la BCE dispone di tutte le competenze necessarie per conseguire il suo mandato di stabilità dei prezzi e può quindi guidare la politica monetaria in piena autonomia e con un elevato livello di discrezionalità. Il Consiglio direttivo della BCE delibera con un elevato grado di segretezza, dal momento che i dati di voto individuali non sono resi pubblici (il che porta a sospettare che i membri del Consiglio direttivo votino secondo linee nazionali). Oltre alle decisioni di politica monetaria, la BCE ha il diritto di emanare regolamenti giuridicamente vincolanti, nell'ambito delle sue competenze e, se sono soddisfatte le condizioni stabilite dal diritto dell'Unione, può sanzionare gli attori non conformi se violano i requisiti legali stabiliti nei regolamenti dell'Unione direttamente applicabili. La personalità giuridica propria della BCE le consente inoltre di stipulare accordi giuridici internazionali indipendentemente dalle altre istituzioni dell'UE e di essere parte di procedimenti giudiziari. Infine, la BCE può organizzare la propria struttura interna come meglio crede.
- **Indipendenza personale:** il mandato dei membri del consiglio della BCE è volutamente molto lungo (8 anni), mentre i governatori delle banche centrali nazionali hanno un mandato minimo rinnovabile di cinque anni. Inoltre, i membri del Consiglio della BCE sono ampiamente immuni da procedimenti giudiziari. Infatti, la rimozione dalla carica può essere decisa solo dalla Corte di giustizia dell'Unione europea (CGUE), su richiesta del Consiglio direttivo della BCE o del comitato esecutivo (cioè la BCE stessa).

Tale decisione è possibile solo in caso di incapacità o di grave cattiva condotta. I governatori nazionali delle banche centrali nazionali dell'Eurosistema possono essere licenziati ai sensi della legislazione nazionale (con possibilità di ricorso) nel caso in cui non siano più in grado di svolgere le proprie funzioni o siano colpevoli di gravi mancanze.

- **Indipendenza finanziaria**: la BCE è l'unico organismo dell'UE il cui statuto garantisce l'indipendenza di bilancio grazie a risorse e redditi propri. La BCE utilizza i propri profitti generati dalle operazioni di politica monetaria e non può essere tecnicamente insolvente. L'indipendenza finanziaria della BCE rafforza la sua indipendenza politica. Poiché la BCE non ha bisogno di finanziamenti esterni e, simmetricamente, le è vietato finanziamento monetario diretto delle istituzioni pubbliche, questo la mette al riparo da potenziali pressioni da parte delle autorità pubbliche.

- **Indipendenza politica**: Le istituzioni e gli organi comunitari e i governi degli Stati membri non possono cercare di influenzare i membri degli organi decisionali della BCE o delle BCN nello svolgimento dei loro compiti. Simmetricamente, le istituzioni dell'UE e i governi nazionali sono tenuti, in base ai trattati, a rispettare l'indipendenza della BCE. È quest'ultimo aspetto che è oggetto di grande dibattito.

Responsabilità democratica

In cambio del suo elevato grado di indipendenza e discrezionalità, la BCE è responsabile nei confronti del Parlamento europeo (e, in misura minore, della Corte dei conti europea, del Mediatore europeo e della Corte di giustizia dell'UE (CGUE)). Sebbene non esista un accordo interistituzionale tra il Parlamento europeo e la BCE che regoli il quadro di responsabilità della BCE, esso è stato ispirato da una risoluzione del Parlamento europeo adottata nel 1998 che è stata poi informalmente concordata con la BCE e incorporata nel regolamento interno del Parlamento. Nel 2021, la Commissione ECON del Parlamento europeo ha chiesto di avviare negoziati con la BCE al fine di formalizzare e migliorare questi accordi di responsabilità.

Il quadro di responsabilità prevede cinque meccanismi principali:

- **Rapporto annuale:** la BCE è tenuta a pubblicare rapporti sulle proprie attività e deve inviare il proprio rapporto annuale al Parlamento europeo, alla Commissione europea, al Consiglio dell'Unione europea e al Consiglio europeo. In cambio, il Parlamento europeo valuta le attività passate della BCE attraverso il suo rapporto annuale sulla Banca centrale europea (che è essenzialmente un elenco di risoluzioni non giuridicamente vincolanti).
- **Audizioni trimestrali:** la Commissione per gli affari economici e monetari del Parlamento europeo organizza ogni trimestre un'audizione (il "Dialogo monetario") con la BCE, consentendo ai

membri del Parlamento di rivolgere domande orali al Presidente della BCE.

- **Interrogazioni parlamentari:** tutti i membri del Parlamento europeo hanno il diritto di rivolgere domande scritte al Presidente della BCE. Il Presidente della BCE fornisce una risposta scritta in circa 6 settimane.

- **Nomine:** Il Parlamento europeo viene consultato durante il processo di nomina dei membri del Comitato esecutivo della BCE.

- **Procedimenti legali: la** personalità giuridica propria della BCE consente alla società civile o alle istituzioni pubbliche di presentare denunce contro la BCE alla Corte di giustizia dell'UE.

Nel 2013 è stato raggiunto un accordo interistituzionale tra la BCE e il Parlamento europeo nell'ambito dell'istituzione della Vigilanza bancaria della BCE. Questo accordo conferisce al Parlamento europeo poteri più ampi rispetto alla prassi consolidata per quanto riguarda la politica monetaria e le attività della BCE. Ad esempio, in base all'accordo, il Parlamento può porre il veto sulla nomina del presidente e del vicepresidente del Consiglio di vigilanza della BCE e può approvarne la revoca su richiesta della BCE.

Trasparenza

Oltre alla sua indipendenza, la BCE è soggetta a obblighi di trasparenza limitati, a differenza degli standard delle istituzioni dell'UE e delle altre principali banche centrali. Infatti, come sottolineato da Transparency International, "i Trattati stabiliscono la trasparenza e l'apertura come principi dell'UE e delle sue istituzioni. Tuttavia, essi concedono alla BCE una parziale esenzione da questi principi. Ai sensi dell'art. 15(3) TFUE, la BCE è vincolata dai principi di trasparenza dell'UE "solo nell'esercizio delle [sue] funzioni amministrative" (l'esenzione - che lascia indefinita l'espressione "funzioni amministrative" - si applica anche alla Corte di giustizia dell'Unione europea e alla Banca europea per gli investimenti)".

In pratica, ci sono diversi esempi concreti in cui la BCE è meno trasparente di altre istituzioni:

- **Segretezza delle votazioni**: mentre altre banche centrali pubblicano il resoconto delle votazioni dei propri decisori, le decisioni del Consiglio direttivo della BCE sono prese in piena discrezione. Dal 2014 la BCE pubblica i "resoconti" delle sue riunioni di politica monetaria, ma questi rimangono piuttosto vaghi e non includono le singole votazioni.
- **Accesso ai documenti**: L'obbligo per gli organi dell'UE di rendere liberamente accessibili i documenti dopo un embargo di 30 anni si applica alla BCE. Tuttavia, ai sensi del Regolamento interno della BCE, il Consiglio direttivo può decidere di mantenere segreti singoli documenti oltre il periodo di 30 anni.
- **Divulgazione dei titoli:** La BCE è meno trasparente della Fed quando si tratta di divulgare l'elenco dei

titoli detenuti in bilancio nell'ambito di operazioni di politica monetaria come il QE.

Posizione

La banca ha sede a Ostend (East End), Francoforte sul Meno. La città è il più grande centro finanziario dell'Eurozona e la sua ubicazione è stabilita dal Trattato di Amsterdam. Nel 2014 la banca si è trasferita in una nuova sede appositamente costruita, progettata dallo studio di architettura Coop Himmelbau di Vienna. L'edificio è alto circa 180 metri e sarà accompagnato da altri edifici secondari in un'area paesaggistica sul sito dell'ex mercato all'ingrosso nella parte orientale di Francoforte sul Meno. La costruzione principale, su un'area totale di 120.000 m^2, è iniziata nell'ottobre 2008 e si prevedeva che l'edificio sarebbe diventato un simbolo architettonico per l'Europa. Pur essendo stato progettato per ospitare il doppio del personale che operava nella precedente Eurotower, l'edificio è stato mantenuto dalla BCE, che ha bisogno di più spazio da quando ha assunto la responsabilità della vigilanza bancaria.

I dibattiti sulla BCE

Dibattiti sull'indipendenza della BCE

Il dibattito sull'indipendenza della BCE trova le sue origini nelle fasi preparatorie della costruzione dell'UEM. Il governo tedesco accettò di procedere a patto che venissero rispettate alcune garanzie fondamentali, come una Banca Centrale Europea indipendente dai governi nazionali e al riparo da pressioni politiche sul modello della banca centrale tedesca. Il governo francese, da parte sua, temeva che questa indipendenza avrebbe significato che i politici non avrebbero più avuto alcun margine di manovra nel processo. È stato quindi raggiunto un compromesso stabilendo un dialogo regolare tra la BCE e il Consiglio dei Ministri delle Finanze della zona euro, l'Eurogruppo.

Argomenti a favore dell'indipendenza

Esiste un forte consenso tra gli economisti sul valore dell'indipendenza della banca centrale dalla politica. Le motivazioni sono sia empiriche che teoriche. Dal punto di vista teorico, si ritiene che l'incoerenza temporale suggerisca l'esistenza di cicli economici politici in cui i funzionari eletti potrebbero approfittare delle sorprese politiche per assicurarsi la rielezione. I politici in vista delle elezioni saranno quindi incentivati a introdurre politiche monetarie espansive, riducendo la disoccupazione nel breve periodo. Questi effetti saranno molto probabilmente temporanei. Nel lungo periodo, invece, aumenterà l'inflazione e la disoccupazione tornerà al tasso naturale, annullando l'effetto positivo. Inoltre, la credibilità della banca centrale si deteriorerà, rendendo più difficile rispondere al mercato. Inoltre, sono stati svolti lavori empirici che hanno definito e misurato l'indipendenza della banca centrale (CBI), esaminando la relazione tra CBI e inflazione.

Gli argomenti contro l'eccessiva indipendenza

Un'indipendenza che sarebbe fonte di un deficit democratico.

Demistificare l'indipendenza dei banchieri centrali: secondo Christopher Adolph (2009), la presunta neutralità dei banchieri centrali è solo una facciata legale e non un fatto indiscutibile. A tal fine, l'autore analizza le carriere professionali dei banchieri centrali e le mette in relazione con le rispettive decisioni monetarie. Per spiegare i risultati della sua analisi, utilizza la teoria del "*principale-agente*". Per spiegare che per creare una nuova entità è necessario un delegante o *principale* (in questo caso i capi di Stato o di governo dell'area dell'euro) e un delegato o *agente* (in questo caso la BCE). Nella sua illustrazione, descrive la comunità finanziaria come un "*principale ombra*" che influenza la scelta dei banchieri centrali, indicando così che le banche centrali agiscono effettivamente come interfacce tra il mondo finanziario e gli Stati. Non è quindi sorprendente, sempre secondo l'autore, ritrovare la loro influenza e le loro preferenze nella nomina dei banchieri centrali, presunti conservatori, neutrali e imparziali secondo il modello della Banca Centrale Indipendente (BIC), che elimina questa famosa "*incoerenza temporale*". I banchieri centrali hanno avuto una vita professionale prima di entrare nella banca centrale e la loro carriera continuerà molto probabilmente anche dopo il loro incarico. In definitiva, sono esseri umani. Per l'autore, quindi, i banchieri centrali hanno interessi propri, basati sulla loro carriera passata e sulle loro aspettative dopo l'ingresso nella BCE, e cercano di inviare messaggi ai loro futuri potenziali datori di lavoro.

La crisi: un'opportunità per imporre la propria volontà ed estendere i propri poteri:

– La sua partecipazione alla troika: grazie ai tre fattori che ne spiegano l'indipendenza, la BCE ha approfittato di questa crisi per attuare, attraverso la sua partecipazione alla troika, le famose riforme strutturali negli Stati membri volte a rendere più flessibili i vari mercati, in particolare quello del lavoro, considerati ancora troppo rigidi secondo la concezione ordoliberale.

- Vigilanza macroprudenziale: allo stesso tempo, approfittando della riforma del sistema di vigilanza finanziaria, la Banca di Francoforte ha acquisito nuove responsabilità, come la vigilanza macroprudenziale, in altre parole la vigilanza sulla fornitura di servizi finanziari.

-La crisi ha paradossalmente minato il discorso ordoliberale della BCE "perché alcuni dei suoi strumenti, che ha dovuto attuare, si sono discostati in modo significativo dai suoi principi. La BCE ha quindi interpretato il paradigma con sufficiente flessibilità per adattare la sua reputazione originale a queste nuove condizioni economiche. È stato costretto a farlo come ultima risorsa per salvare la sua unica e sola ragion d'essere: l'euro. Questa Banca indipendente è stata quindi costretta a essere pragmatica, discostandosi dallo spirito del suo statuto, cosa inaccettabile per i più accaniti sostenitori dell'ordoliberismo, che porterà alle dimissioni dei due leader tedeschi presenti all'interno della BCE: il governatore della Bundesbank, Jens WEIDMANN e il membro del comitato esecutivo della BCE, Jürgen STARK.

– Regolamentazione del sistema finanziario: La delega di questa nuova funzione alla BCE è stata effettuata con grande semplicità e con il consenso dei leader europei, perché né la Commissione né gli Stati membri volevano davvero ottenere il monitoraggio degli abusi finanziari in tutta l'area. In altre parole, nel caso di una nuova crisi finanziaria, la BCE sarebbe stata il capro espiatorio perfetto.

- Catturare la politica di cambio: L'evento che segnerà maggiormente la definitiva politicizzazione della BCE è, ovviamente, l'operazione lanciata nel gennaio 2015: l'operazione di quantitative easing (QE). In effetti, l'euro è una valuta sopravvalutata sui mercati mondiali rispetto al dollaro e la zona euro è a rischio di deflazione. Inoltre, gli Stati membri sono fortemente indebitati, in parte a causa del salvataggio delle loro banche nazionali. La BCE, in quanto custode della stabilità della zona euro, sta decidendo di riacquistare gradualmente oltre 1.100 miliardi di euro di debito pubblico degli Stati membri. In questo modo, il denaro viene reimmesso nell'economia, l'euro si deprezza in modo significativo, i prezzi aumentano, il rischio di deflazione viene eliminato e gli Stati membri riducono il loro debito. Tuttavia, la BCE si è appena attribuita il diritto di dirigere la politica dei tassi di cambio dell'eurozona senza che ciò sia possibile.
concessi dai Trattati o con l'approvazione dei leader europei, e senza che l'opinione pubblica o l'arena pubblica ne siano consapevoli.

In conclusione, per i sostenitori di un quadro di indipendenza della BCE, vi è una chiara concentrazione di poteri. Alla luce di questi fatti, è chiaro che la BCE non è più il semplice guardiano della stabilità monetaria nell'area dell'euro, ma è diventata, nel corso della crisi, un "*attore economico multi-competente, a suo agio in questo ruolo che nessuno, soprattutto i governi agnostici degli Stati membri dell'euro, sembra avere l'idea di sfidare*". Questo nuovo super-attore politico, avendo catturato molte sfere di competenza e una fortissima influenza nel campo economico in senso lato (economia, finanza, bilancio...). Questo nuovo super-attore politico non può più agire da solo e rifiuta un contropotere, consustanziale alle nostre democrazie liberali. Infatti, lo status di indipendenza di cui la BCE gode per essenza non dovrebbe esimerla da una reale responsabilità nei confronti del processo democratico.

Gli argomenti a favore del contropotere

All'indomani della crisi dell'area dell'euro, sono state avanzate diverse proposte di contropotere, per far fronte alle critiche di deficit democratico. Per l'economista tedesco Issing (2001) la BCE ha una responsabilità democratica e dovrebbe essere più trasparente. Secondo lui, questa trasparenza potrebbe portare diversi vantaggi come il miglioramento dell'efficienza e della credibilità fornendo al pubblico informazioni adeguate. Altri ritengono che la BCE dovrebbe avere un rapporto più stretto con il Parlamento europeo, che potrebbe svolgere un ruolo importante nella valutazione della responsabilità democratica della BCE. Un'altra soluzione proposta è lo sviluppo di nuove istituzioni o la creazione di un ministro:

Un ministro dell'Eurozona?

L'idea di un ministro delle Finanze della zona euro viene regolarmente sollevata e sostenuta da alcuni esponenti politici, tra cui Emmanuel Macron, oltre che dalla cancelliera tedesca Angela Merkel, dall'ex presidente della BCE Jean-Claude Trichet e dall'ex commissario europeo Pierre Moscovici. Per quest'ultimo, questa posizione porterebbe "*più legittimità democratica*" e "*più efficienza*" alla politica europea. A suo avviso, si tratta di fondere i poteri del Commissario per l'Economia e le Finanze con quelli del Presidente dell'Eurogruppo.

Il compito principale di questo ministro sarebbe quello di "rappresentare una forte autorità politica a tutela degli interessi economici e di bilancio dell'area dell'euro nel suo complesso, e non degli interessi dei singoli Stati membri". Secondo l'Istituto Jacques Delors, le sue competenze potrebbero essere le seguenti:

- supervisionare il coordinamento delle politiche economiche e di bilancio
- Applicazione delle regole in caso di violazione
- Conduzione di negoziati in un contesto di crisi
- Contribuire ad attutire gli shock regionali
- Rappresentare l'area dell'euro nelle istituzioni e nei forum internazionali

Per Jean-Claude Trichet, questo ministro potrebbe anche fare affidamento sul gruppo di lavoro dell'Eurogruppo per la preparazione e il follow-up delle riunioni in formato eurozona, e sul Comitato economico e finanziario per le riunioni riguardanti tutti gli Stati membri. Avrebbe anche sotto la sua autorità un Segretariato generale del Tesoro della zona euro, i cui compiti sarebbero determinati dagli obiettivi dell'unione di bilancio in corso di realizzazione.

Questa proposta è stata tuttavia respinta nel 2017 dall'Eurogruppo, il cui presidente, Jeroen Dijsselbloem, ha parlato dell'importanza di questa istituzione rispetto alla Commissione europea.

Verso le istituzioni democratiche?

L'assenza di istituzioni democratiche, come un Parlamento o un vero e proprio governo, è una critica che viene regolarmente mossa alla BCE nella sua gestione dell'area dell'euro, e molte proposte sono state avanzate a questo proposito, soprattutto dopo la crisi economica, che avrebbero mostrato la necessità di migliorare la governance dell'area dell'euro. Per Moïse Sidiropoulos, professore di economia: "La crisi della zona euro non è stata una sorpresa, perché l'euro rimane una moneta incompiuta, una moneta senza Stato con una fragile legittimità politica".

Nel 2017 l'economista francese Thomas Piketty ha scritto sul suo blog che è essenziale dotare la zona euro di istituzioni democratiche. Un governo economico potrebbe ad esempio consentirle di avere un bilancio comune, tasse comuni e capacità di prestito e investimento. Un governo di questo tipo renderebbe la zona euro più democratica e trasparente, evitando l'opacità di un consiglio come l'Eurogruppo.

Tuttavia, secondo l'economista "*non ha senso parlare di un governo della zona euro se non si dice a quale organo democratico questo governo dovrà rendere conto*", un vero e proprio parlamento della zona euro a cui rendere conto un ministro delle Finanze sembra essere la vera priorità per l'economista, che denuncia anche la mancanza di azioni in questo settore.

Si è parlato anche della creazione di una sottocommissione all'interno dell'attuale Parlamento europeo, sul modello dell'Eurogruppo, che attualmente è una sottoformazione del Comitato ECOFIN.
Ciò richiederebbe una semplice modifica del regolamento interno ed eviterebbe una situazione di concorrenza tra due assemblee parlamentari separate. L'ex Presidente della Commissione europea, inoltre, aveva dichiarato a questo proposito di non avere "alcuna simpatia per l'idea di un Parlamento specifico della zona euro".

Sede della Banca Centrale Europea

La **sede della Banca Centrale Europea** (**BCE**) è un complesso di uffici a Francoforte, in Germania. È composto da un grattacielo a due torri e dall'ex sala del mercato all'ingrosso (*Großmarkthalle*), con un edificio basso che li collega. È stato completato nel 2014 e inaugurato ufficialmente il 18 marzo 2015.

I Trattati dell'Unione europea prevedono che la BCE abbia sede entro i confini della città di Francoforte, il più grande centro finanziario dell'Eurozona. In precedenza la BCE risiedeva nell'Eurotower e, con l'aumento dei suoi compiti dovuto all'adesione dei Paesi all'Eurozona, in altri tre edifici. edifici alti nelle vicinanze: l'Eurotheum, il Japan Center e la Neue Mainzer Straße 32-36, l'ex sede della Commerzbank.

Architettura

L'edificio principale, costruito per la BCE, è composto da due torri unite da un atrio con quattro piattaforme di scambio. La torre nord ha 45 piani e un'altezza del tetto di 185 m (607 ft), mentre la torre sud ha 43 piani e un'altezza del tetto di 165 m (541 ft). Con l'antenna, la torre nord raggiunge un'altezza di 201 m (659 ft). La sede della BCE comprende anche la Grossmarkthalle, un'ex sala del mercato all'ingrosso costruita tra il 1926 e il 1928, completamente ristrutturata per il suo nuovo scopo.

La storia

Nel 1999, la banca ha indetto un concorso internazionale di architettura per la progettazione di un nuovo edificio. Il concorso fu vinto da uno studio di architettura di Vienna, Coop Himmelb(l)au. L'edificio doveva essere alto 185 metri (201 metri con l'antenna), accompagnato da altri edifici secondari.
edifici in un'area paesaggistica sul sito dell'ex mercato all'ingrosso (Großmarkthalle) nella parte orientale di Francoforte. L'inizio dei lavori di costruzione era previsto per ottobre 2008, mentre il completamento era previsto entro la fine del 2011.

La costruzione è stata sospesa nel giugno 2008, quando la BCE non è riuscita a trovare un appaltatore che costruisse la Skytower per il budget assegnato di 500 milioni di euro, a causa della gara d'appalto svoltasi al culmine della bolla speculativa precedente alla fine degli anni 2000. Un anno dopo, quando i prezzi sono scesi significativamente, la BCE ha lanciato una nuova gara d'appalto suddivisa in segmenti.

Autorità bancaria europea

L'**Autorità bancaria europea** (**EBA**) è un'agenzia di regolamentazione dell'Unione europea con sede a Parigi. Le sue attività comprendono la conduzione di stress test sulle banche europee per aumentare la trasparenza del sistema finanziario europeo e individuare i punti deboli delle strutture patrimoniali delle banche.

L'EBA ha il potere di scavalcare i regolatori nazionali se questi non riescono a regolamentare correttamente le loro banche. L'EBA è in grado di prevenire l'arbitraggio normativo e dovrebbe consentire alle banche di competere equamente in tutta l'UE. L'EBA impedirà una corsa al ribasso, perché le banche con sede in giurisdizioni meno regolamentate non saranno più avvantaggiate rispetto a quelle con sede in giurisdizioni più regolamentate, in quanto tutte le banche dovranno d'ora in poi rispettare lo standard paneuropeo più elevato.

La storia

L'EBA è stata istituita il 1° gennaio 2011, data in cui ha ereditato tutti i compiti e le responsabilità del Comitato delle autorità europee di vigilanza bancaria (CEBS). In continuità con il segretariato del CEBS, fino al 30 marzo 2019 avrà sede a Londra.

A seguito del previsto ritiro del Regno Unito dall'UE, la Commissione europea ha elaborato piani per spostare l'EBA (insieme all'Agenzia europea per i medicinali) fuori dal Regno Unito, per mantenerla all'interno dei restanti Stati membri dell'UE. Le future sedi prese in considerazione per l'agenzia erano Bruxelles, Dublino, Francoforte, Lussemburgo, Parigi, Praga, Vienna e Varsavia. Alla fine, Parigi è stata scelta per sorteggio per ospitare l'EBA, alle 18:40 CET di lunedì 20 novembre 2017.

Nel giugno 2021, l'EBA ha dichiarato che le banche dell'Unione Europea devono avere un piano decennale che spieghi come affronteranno i rischi ambientali, sociali e governativi (ESG) per i loro profitti.

Missione e compiti

Il compito principale dell'EBA è quello di contribuire, attraverso l'adozione di standard tecnici vincolanti (BTS) e linee guida, alla creazione del Single Rulebook europeo nel settore bancario. Il Single Rulebook mira a fornire un unico insieme di regole prudenziali armonizzate per gli istituti finanziari in tutta l'UE, contribuendo a creare condizioni di parità e fornendo un'elevata protezione a depositanti, investitori e consumatori.

L'Autorità svolge inoltre un ruolo importante nel promuovere la convergenza delle pratiche di vigilanza per garantire un'applicazione armonizzata delle norme prudenziali. Infine, l'EBA ha il compito di valutare i rischi e le vulnerabilità del settore bancario dell'UE, in particolare attraverso relazioni periodiche di valutazione dei rischi e prove di stress paneuropee.

Tra gli altri compiti previsti dal mandato dell'EBA vi sono:

- indagare sulla presunta applicazione scorretta o insufficiente del diritto dell'UE da parte delle autorità nazionali
- prendere decisioni dirette alle singole autorità competenti o alle istituzioni finanziarie in situazioni di emergenza
- mediare per risolvere le divergenze tra le autorità competenti in situazioni transfrontaliere
- agire come organo consultivo indipendente del Parlamento europeo, del Consiglio o della Commissione.
- assumere un ruolo di primo piano nel promuovere la trasparenza, la semplicità e l'equità nel mercato dei

prodotti o servizi finanziari per i consumatori in tutto il mercato interno.

Per svolgere questi compiti, l'EBA può produrre una serie di documenti normativi e non, tra cui standard tecnici vincolanti, linee guida, raccomandazioni, pareri, domande e risposte (Q&A) e relazioni ad hoc o periodiche. I Binding Technical Standards sono atti giuridici che specificano aspetti particolari di un testo legislativo dell'UE (direttiva o regolamento) e mirano a garantire un'armonizzazione coerente in aree specifiche. L'EBA sviluppa progetti di BTS che vengono infine approvati e adottati dalla Commissione europea. A differenza di altri documenti come Linee guida o Raccomandazioni, i BTS sono giuridicamente vincolanti e direttamente applicabili in tutti gli Stati membri.

Quadro comune di rendicontazione

Il Common Reporting (COREP) è il quadro normativo standardizzato emesso dall'EBA per la rendicontazione della Direttiva sui requisiti patrimoniali. Copre il rischio di credito, il rischio di mercato, il rischio operativo, i fondi propri e i coefficienti di adeguatezza patrimoniale. Questo schema di rendicontazione è stato adottato da quasi 30 Paesi europei. Gli istituti regolamentati sono tenuti a presentare periodicamente i rapporti COREP, sia su base individuale che consolidata, utilizzando XBRL nelle tassonomie dell'architettura Eurofiling. Tutte le organizzazioni regolamentate nel Regno Unito devono utilizzare il COREP per redigere le loro relazioni statutarie periodiche a partire dal 1° gennaio 2014.

Comitato europeo per il rischio sistemico

Il **Comitato europeo per il rischio sistemico** (**CERS**) è un gruppo istituito il 16 dicembre 2010 in risposta alla crisi finanziaria in corso. È incaricato della vigilanza macroprudenziale del sistema finanziario all'interno dell'Unione europea, al fine di contribuire alla prevenzione o all'attenuazione dei rischi sistemici per la stabilità finanziaria nell'UE. Contribuirà al buon funzionamento del mercato interno, assicurando così un contributo sostenibile del settore finanziario alla crescita economica.

Il CERS è un organo di vigilanza macroprudenziale dell'UE e fa parte del Sistema europeo di vigilanza finanziaria (ESFS), il cui scopo è assicurare la vigilanza del sistema finanziario dell'UE. In quanto organismo privo di personalità giuridica, il CERS si avvale dell'ospitalità e del sostegno della Banca centrale europea. Ne fanno parte rappresentanti della BCE, delle banche centrali nazionali e delle autorità di vigilanza degli Stati membri dell'UE, nonché della Commissione europea.

Panoramica

Il funzionamento del comitato è stato affidato alla Banca Centrale Europea e il primo presidente del CERS è stato Jean-Claude Trichet. Attualmente l'ESRB è presieduto da Christine Lagarde, presidente della BCE. Al fine di sfruttare le strutture esistenti e compatibili e di ridurre al minimo i ritardi nell'avvio delle operazioni, la BCE fornisce all'ESRB supporto analitico, statistico, amministrativo e logistico, mentre la consulenza tecnica viene fornita anche dalle banche centrali nazionali, dalle autorità di vigilanza e da un comitato scientifico indipendente.

Premio Ieke van den Burg per la ricerca sul rischio sistemico

Il Comitato scientifico consultivo del CERS assegna ogni anno il **Premio Ieke van den Burg** per l'eccezionale ricerca condotta da giovani accademici su un argomento correlato alla missione del CERS. Il premio è intitolato a Ieke van den Burg, per il suo lavoro sulla stabilità finanziaria. L'articolo vincitore viene solitamente presentato alla Conferenza annuale del CERS e pubblicato nella serie di Working Paper del CERS.

Autorità europea degli strumenti finanziari e dei mercati

L'**Autorità europea degli strumenti finanziari e dei mercati** (**ESMA**) è un'autorità indipendente dell'Unione europea con sede a Parigi.

L'ESMA ha sostituito il Comitato delle autorità europee di regolamentazione dei valori mobiliari (CESR) il 1° gennaio 2011. È una delle tre nuove autorità di vigilanza europee istituite nell'ambito del Sistema europeo delle autorità di vigilanza finanziaria.

Panoramica

L'ESMA opera nel campo della legislazione e della regolamentazione dei titoli per migliorare il funzionamento dei mercati finanziari in Europa, rafforzando la protezione degli investitori e la cooperazione tra le autorità nazionali competenti.

L'idea alla base dell'ESMA è quella di creare un "cane da guardia dei mercati finanziari a livello europeo". Uno dei suoi compiti principali è quello di regolamentare le agenzie di rating. Nel 2010 le agenzie di rating sono state criticate per la mancanza di trasparenza nelle loro valutazioni e per un possibile conflitto di interessi. Allo stesso tempo, l'impatto dei rating assegnati è diventato significativo per le aziende e le banche, ma anche per gli Stati.

Nell'ottobre 2017 l'ESMA ha organizzato la sua prima conferenza che si è tenuta a Parigi. L'evento ha esaminato questioni critiche per i mercati finanziari europei e ha visto la partecipazione di 350 persone.

Misure di intervento sui prodotti dell'ESMA

Il 1° agosto 2018 l'ESMA ha modificato le restrizioni di trading relative ai contratti per differenza (CFD) e alle scommesse a spread per i clienti al dettaglio. Il cambiamento più significativo è che le opzioni binarie saranno completamente vietate, mentre la leva dei CFD con cui i clienti al dettaglio possono operare sarà limitata a 30:1 e 2:1, a seconda della volatilità dell'attività sottostante negoziata. Queste restrizioni si applicano solo ai trader classificati come investitori al dettaglio. I trader esperti, che rientrano nella categoria dei clienti professionali, sono stati esclusi. Ciò significava anche che i clienti professionali non ricevevano le stesse tutele degli investitori al dettaglio. Le restrizioni, inizialmente imposte come misura temporanea, sono state rinnovate il 1° febbraio 2019 per un ulteriore periodo di tre mesi. Il 31 luglio 2019, l'ESMA ha annunciato che non rinnoverà le restrizioni dopo la loro scadenza del 1° agosto 2019, poiché tutti i Paesi membri dell'UE sono riusciti ad attuare restrizioni simili a livello nazionale.

Domande e risposte (Q&A)

Per garantire l'applicazione quotidiana e coerente del diritto dell'Unione nell'ambito delle competenze dell'ESMA, uno dei contributi chiave dell'organizzazione è la produzione e il mantenimento delle Q&A. Per aprire il processo, nel febbraio 2017 l'ESMA ha lanciato una nuova procedura che consente alle parti interessate di presentare una Q&A. Una volta esaminate, le domande e risposte selezionate vengono pubblicate in inglese sul sito web dell'ESMA.